ulmer

Petra Neumann

PUTZ- UND WASCHSEIFE SIEDEN

TECHNIKEN UND REZEPTE
FÜR KÜCHE, BAD, BODEN, WÄSCHE & CO.

INHALT

DIE GRUNDLAGEN 7

SEIFENHERSTELLUNG 39

REZEPTE 71

ROHSTOFFE 101

SERVICE 117

VORWORT

Die Regale im Supermarkt sind voll mit Wasch- und Reinigungsmitteln, für alles gibt es Spezialmittel. Warum also sollte man sie selbst herstellen? Dafür gibt es mehrere Gründe: Mit dem Wachstum der Weltbevölkerung werden die Ressourcen, die uns zur Verfügung stehen, immer knapper. Eine der wichtigsten Ressourcen ist sauberes Trinkwasser. Wir müssen es schonend und sorgsam behandeln, indem wir sparsam damit umgehen und auf die Verschmutzung mit Stoffen verzichten, die in Kläranlagen nicht abgebaut werden. Und wenn wir eigene Putz- und Waschmittel herstellen, haben wir es in der Hand, welche Zusätze enthalten sind, ob auf Farb- oder Duftstoffe verzichtet wird und wie hoch die Mittel dosiert sind. Viele Wasch- oder Spülmittel gehen zudem ungenutzt durch den Ausguss, weil sie sehr hoch konzentriert sind und davon zu viel benutzt wird.

Für alle, die mein erstes Buch „Seife sieden" gelesen haben und schon Seife sieden, bringt dieses Buch eine Weiterentwicklung: Sie erfahren, wie sie nach den jeweils eigenen Wünschen und Bedürfnissen die Seifen zu Haushaltsreinigern und Waschmitteln weiterverarbeiten können. Doch auch wer noch nie eine Seife gesiedet hat, bekommt alle nötigen Infos an die Hand, denn ich beschreibe die Herstellung der benötigten Grundseifen ausführlich und Schritt für Schritt (gelegentlich verwende ich Abkürzungen: sie werden im Glossar im Anhang aufgelöst). Sie lernen hier also auch das Seifensieden und die entsprechenden Grundlagen. Tiefer in diese einsteigen können Sie mit meinem bereits erwähnten ersten Buch.

Im ersten Teil dieses Buches erhalten Sie einen Einblick in die Vor- und Nachteile der Anwendung von selbst produzierter Seife und eine kleine historische Einführung darüber, mit welchen Mitteln man früher geputzt hat, sowie Infos, mit welchen Arten von Schmutz es die Reinigungsmittel aufnehmen müssen. Zudem befasst sich dieses Grundlagen-Kapitel mit dem Material und den Rohstoffen, die Sie für die Herstellung der Grundseifen benötigen.

Im nächsten Teil des Buches geht es ans Herstellen der Grundseifen. Anfängern rate ich, mit festen Seifen zu beginnen und sich erst dann an die Herstellung von Flüssigseife zu wagen, da diese schon etwas Erfahrung voraussetzt. So ersparen Sie sich Enttäuschungen und steigen stufenweise in die Materie ein.

Anschließend folgen die Rezepte. Sie erfahren dort genau, wie Sie aus den zuvor vorgestellten Grundseifen Waschmittel und Reiniger für Küche, Fenster, Bad und Boden herstellen können.

Um das Buch lesefreundlicher zu gestalten, habe ich die diversen Zusatzstoffe, die für die Weiterverarbeitung der Grundseifen benötigt werden, im letzten Kapitel erläutert. Da können Sie gezielt nachlesen, wenn Sie etwas über einen Stoff erfahren möchten, der etwa in einem Rezept erwähnt wird.

Ob Sie Ihre Reinigungsmittel selber herstellen oder nicht: Der bedachte und sparsame Umgang damit bedeutet ein Schützen der Umwelt. Und in diesem Buch erfahren Sie, wie Sie noch mehr in dieser Richtung tun können.

Ihre
Petra Neumann

Langenselbold im Mai 2021

DIE GRUNDLAGEN

In diesem Teil erfahren Sie, was Seife genau ist, gegen welche Arten von Schmutz man Reinigungsmittel braucht und welche Grundausstattung Sie benötigen, um Ihre eigene Seife und daraus Wasch- und Reinigungsmittel herzustellen.

WARUM ES GUT IST, REINIGUNGSMITTEL SELBST HERZUSTELLEN

Dafür, Wasch- und Reinigungsmittel selbst zu produzieren, statt sie fertig im Supermarkt zu kaufen, gibt es viele gute Gründe – die wichtigsten stelle ich Ihnen hier kurz vor.

SEIFE IST LEICHT BIOLOGISCH ABBAUBAR

Seit 2005 müssen die in Wasch- und Reinigungsmitteln enthaltenen Tenside vollständig biologisch abbaubar sein. Die Produkte, die es zu kaufen gibt, enthalten aber auch viele Zusatzstoffe, auf die verzichtet werden kann, wie EDTA und einige allergieauslösende Konservierungsstoffe. EDTA ist ein Komplexbildner, der die Kalkbildung verhindern soll, indem er die Calcium- und Magnesiumsalze des Wassers bindet. Er sorgt für mehr Schaum und verhindert das Vergrauen der Wäsche. EDTA ist biologisch nur schlecht abbaubar und gelangt somit in Flüsse und Seen. Dort kann es auch Schwermetalle, die sich im Sediment befinden, lösen, was eine weitere Verunreinigung der Gewässer bedeutet.

Wird Seife ausschließlich aus natürlich nachwachsenden Rohstoffen, nämlich Fetten und Ölen (von Tieren und Pflanzen), hergestellt, dann ist sie gut biologisch abbaubar.

VERZICHT AUF MIKROPLASTIK UND RECYCLING VON PLASTIKFLASCHEN

Wer seine Reinigungsmittel selbst herstellt, vermeidet zudem Zusätze wie Mikroplastik. Wir können selbst bestimmen, welche Scheuersubstanzen wir einsetzen möchten – und wer braucht schon Mikroplastik? Die Schleifpartikel der Putzpaste sind natürlichen Ursprungs, und für den erwünschten Reinigungseffekt ist kein Mikroplastik nötig.

Ebenso wenig benötigen wir Füllstoffe, die in den Fertigprodukten die Rieselfähigkeit erhalten sollen, oder lösliche Polymere, mit denen bei Flüssigwaschmitteln die Viskosität eingestellt wird (mit Viskosität meint man die gewünschte zähflüssige Konsistenz).

Wer selbst Reinigungsmittel produziert, kann zudem seinen Verbrauch an Plastikverpackungen reduzieren. Recyceln Sie diese einfach selbst, indem Sie sie immer wieder befüllen. So lassen sie sich natürlich ganz oft verwenden.

FETTE UND INHALTSSTOFFE SELBST WÄHLEN

Für die Produktion von Reinigungsmittel können Sie Seifenreste von selbst hergestellten Hand- und Duschseifen ebenso verwenden wie (ein- bis zweimal) benutztes Frittierfett.

Welche Öle und Fette Sie hernehmen, haben Sie selbst in der Hand. Sie können ganz auf Palm- und Palmkernfett verzichten und stattdessen Tierfette benutzen, oder Sie stellen nur vegane Seifen her – ganz wie Sie möchten.
Sie können auch ganz auf Konservierungs- und/oder Duftstoffe verzichten. Wer eine empfindliche Haut hat, schützt damit nicht nur sich, sondern schont auch die Umwelt.

Ein weiterer wichtiger Punkt ist die Ungiftigkeit. Auch eine selbstproduzierte Flüssigseife darf man natürlich keinesfalls trinken, aber kleine Seifenreste an Geschirr oder dergleichen sind kein Problem. Und wer seinen Hund mit Seifenwasser wäscht, braucht sich nicht zu sorgen, wenn er die Pfoten anschließend abschleckt.

VOR- UND NACHTEILE VON SELBST HERGESTELLTEN REINIGERN AUF SEIFENBASIS

Vorteile	Nachteile
Biologische Abbaubarkeit	Kalkflecken lassen sich nicht oder nur schlecht mechanisch entfernen.
Kein Mikroplastik oder andere Polymere	Kalkseifenbildung bei hartem Wasser
Keine Füllstoffe	Schaumjunkies kommen nicht auf ihre Kosten (aber: Seife reinigt auch ohne viel Schaum!).
Kein Palmöl	
Verwendung von tierischen Fetten: Von Tieren, die für die Fleischproduktion ohnehin geschlachtet wurden, kann wenigstens alles verwendet werden und muss nicht weggeworfen werden.	
Recycling von Frittierfett	
Keine Duftstoffe, falls gewünscht	
Feste Seifen benötigen keine, Flüssigseifen weniger Konservierungsstoffe als Fertigprodukte.	

EIN BLICK IN DIE GESCHICHTE DER WASCH- UND REINIGUNGSMITTEL

Ursprünglich nutzte man ausschließlich die Reinigungskraft des Wassers, um Gegenstände wie Essgeschirr oder Kleidung zu säubern. Zur Unterstützung konnte etwas Sand zum Scheuern oder Asche vom Feuer verwendet werden. Kleidung wurde auf große Steine geschlagen und mechanisch gereinigt. Irgendwann später machte man die Entdeckung, dass man mit verschiedenen Pflanzenteilen einen Schaum erzeugen kann, der die Reinigung erleichtert: mit der Wurzel des Seifenkrauts, mit Seifenbaumrinde, auch Panamarinde genannt, Efeublättern oder mit Kastanien, deren Aesculin gleichzeitig gegen das Vergrauen der Wäsche half. Sonst wurde die Wäsche auf dem Gras des Bleichplatzes nass unter freiem Himmel ausgelegt und durch die Kraft der Sonne gebleicht. Diese Methode kann ich heute noch empfehlen: Gegen Karotten-, Tomaten- oder Spinatflecken hilft es, das Kleidungsstück nach der Wäsche nass in die Sonne zu legen, bis es trocken ist. Besonders gut hilft das bei weißer Kleidung oder Kinderlätzchen. Farbige Kleidung muss zuvor auf Farbechtheit geprüft werden, da manche Farbstoffe zum Ausbleichen neigen.

Alle genannten Pflanzen enthalten sogenannte Saponine, die in Verbindung mit Wasser einen stabilen Schaum erzeugen. Am bekanntesten für ihren Saponingehalt ist wohl die indische Waschnuss, die heute auch wieder zum Wäschewaschen verwendet wird. Weitere saponinhaltige Pflanzen sind die Kichererbse, die Mungbohne, Kartoffeln, Zuckerrüben und einige andere mehr. Sie wurden zur Unterstützung der Reinigung genutzt, bis Seife für jeden erschwinglich wurde. Danach wurden Seifen oder seifenhaltige Waschmittel verwendet. Auch die ersten Waschpulver enthielten als Hauptzutat Seife und auch heute noch wird zur Schaumregulierung etwas Seife zugesetzt. Für die Reinigungswirkung sind jetzt andere Tenside zuständig.

Werbung für die britische „Sunlight Soap" in einem Magazin aus den 1890er-Jahren.

WAS GENAU IST SEIFE?

Hergestellt wird Seife aus Fetten, Ölen und Lauge. Ohne Lauge geht es nicht, da die Fette bei der sogenannten Verseifungsreaktion gespalten werden: Aus einem Fettmolekül werden mit drei Teilen Lauge drei Fettsäuresalze und Glycerin. Definitionsgemäß ist eine Seife das Salz einer Fettsäure.

Je nach Art der Lauge kann es ein Natriumsalz sein, dann hat man eine Leimseife, oder aber Kaliumsalz, das eine Schmierseife ergibt. Da das bei der Verseifung entstehende Glycerin früher ein wertvoller Rohstoff war, wurde es beim Kochen der Seife durch Aussalzen mit Kochsalz abgetrennt. Der sogenannte Seifenkern schwamm als feste Masse auf der glycerinhaltigen Unterlauge und wurde von ihr abgehoben. Aus dem Glycerin konnte zum Beispiel Nitroglycerin, ein Sprengstoff, hergestellt werden, woraus später das Dynamit entwickelt wurde.

Seifenmoleküle haben eine negative Ladung. Stoffe, die eine negative Ladung haben, nennt man Anionen. Seife und andere negativ geladene Tenside findet man bei den Waschmittelzutaten als anionische Tenside aufgeführt.

Ursprünglich wurden Seifen aus Abfallfetten hergestellt, die nicht mehr als Lebensmittel geeignet waren, zum Beispiel aus Knochenfett oder ranzigen Fetten. Die für die Verseifung benötigte Lauge wurde aus Holzasche gewonnen. Holzasche enthält neben Soda (Natriumcarbonat) auch sehr viel Pottasche (Kaliumcarbonat). Damit aus diesen beiden recht verunreinigten Rohstoffen eine saubere Seife entstand, wurde die Seife nach dem Kochen „mit Wasser gewaschen". Das heißt, sie wurde in heißem Wasser aufgelöst, und durch Zugabe von Kochsalz trennte sich die Seife von der Flüssigkeit und schwamm als Kernseife oben auf der Unterlauge. In der Unterlauge befanden sich Schmutz, aber auch das wertvolle Glycerin und die restlichen Kaliumsalze.

GUT ZU WISSEN

- Natrium- und Kaliumsalze der Fettsäuren sind Seifen.
- Dabei heißen Natriumseifen Leim- oder Kernseifen, Kaliumseife ist Schmierseife.

WIE DIE UNTERSCHIEDLICHEN SEIFENARTEN ENTSTEHEN

Durch das Kochsalz, Natriumchlorid, bildet sich das Natriumsalz der Fettsäuren und somit feste Seife, also Seifenstücke. Die Kernseife ist ausgesalzen und ohne Glycerin. Die Leimseife hingegen enthält noch Glycerin. Das auch in der Holzasche enthaltene Kalium wurde beim Aussalzen mit ausgewaschen.

Wer hingegen eine Seife mit Kalium, also mit Kalilauge her-

Unterlauge

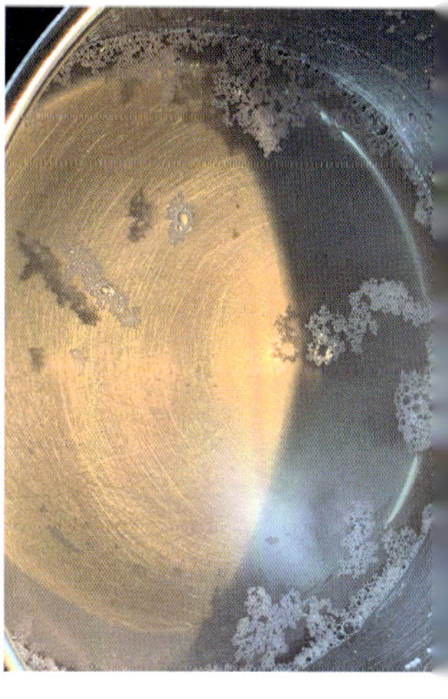

Seifenlösung (links) und angesäuerte Seifenlösung (rechts)

WAS SEIFE NICHT IST: pH-NEUTRAL

Seife ist also das Salz einer Fettsäure und alkalisch. Alkalische Seife ist aber angeblich schlecht für den Säureschutzmantel der Haut. Kann man denn nicht die Seife mit einer Säure so ansäuern, dass sie pH-(haut)neutral wird?

Chemisch betrachtet entsteht ein Salz aus der Reaktion zwischen einer Säure und einer Lauge durch Neutralisation: Säure plus Lauge ergibt Salz und Wasser.

Bei der Seife ist die Säure eine Fettsäure und die Lauge Natronlauge. Bitte nicht mit der Herstellung der Seife verwechseln, mit der Verseifung: Fettsäure plus Lauge ergibt Seife (Fettsäuresalz) und Wasser.
Dies geht auch in die andere Richtung. Gibt man Säure zur Seife hinzu, so bildet sich aus der Seife die freie Fettsäure zurück und wir haben keine Seife mehr.

Dies ist der Grund, warum es keine pH-neutrale Seife gibt, außer in der Werbung. Hierbei handelt es sich dann nicht um Seife, sondern um Waschstücke aus anderen Tensiden.

TIPP

Testen Sie Ihre Seife: Geben Sie einige Seifenschnipsel in etwas Wasser und rühren Sie. Die Seife schäumt. Sobald Sie Säure, also Essig oder Zitronensaft, hinzugeben, geht der Schaum kaputt und es entsteht eine schmierige Masse, die freien Fettsäuren. Passiert das nicht, so ist die Seife keine echte Seife, sondern ein Waschstück.

DIE ARTEN VON SCHMUTZ IM HAUSHALT

Grob gesehen gibt es im Haushalt zwei Arten von Schmutz: fetthaltigen Schmutz und Kalk. Fetthaltigen Schmutz bekommt man immer mit einem Tensid, also auch gut mit Seife entfernt. Für Kalkrückstände nimmt man besser eine Säure zur Reinigung. Sie löst den Kalk unter Sprudeln auf. Diesen Effekt kennen Sie vom Brausepulver oder von Brausetabletten. Beides zusammen, Säure und Seife, geht allerdings nicht, da die Seife durch die Säure kaputt geht. Seife ist also ungeeignet, um Kalkflecken zu entfernen, weshalb sie für die Reinigung im Badezimmer nur eingeschränkt anwendbar ist. Für den Fettschmutz in der Küche sind Seife und seifenhaltige Reiniger aber gut geeignet.

MATERIAL UND AUSRÜSTUNG FÜR DIE SEIFENHERSTELLUNG

Einen Teil der benötigten Materialien haben Sie schon zu Hause in Ihrer Küche. Für einen ersten Test können diese verwendet werden. Jedoch empfiehlt es sich, die Laborregel einzuhalten, dass einmal mit Chemikalien in Kontakt gekommene Utensilien nicht mehr für die Zubereitung von Lebensmitteln verwendet werden sollen. Legen Sie sich für die Herstellung von Seifen und Putzmitteln eigenes Material zu. Besonders was Kunststoffgegenstände wie Teigschaber oder Ähnliches anbelangt, ist dies besser, da sie Chemikalien, besonders Düfte, aufnehmen.

Benötigte Materialien

MATERIALLISTE

Für die Seifenherstellung	Für die Herstellung der Reiniger
Edelstahltopf mit Deckel	Trichter aus Kunststoff
Schneebesen	Teelöffel
Teigschaber	Sprayflaschen
Löffel	Flaschen für Flüssigkeiten
Messbecher	Kunststoffeimer für feste Reiniger
Silikonformen, Eisverpackungen, Joghurtbecher	Weite Schalen oder Marmeladengläser
Pürierstab	
Waage	
Feines Sieb	
Thermometer (Braten- oder Infrarot-thermometer)	
Zwei Gefäße, zum Abwiegen und Anrühren der Lauge	
pH-Papier oder -Teststreifen	

Achten Sie bei den verwendeten Gegenständen auf die Materialien. Edelstahl ist problemlos zu verwenden. Aluminium hingegen wird von der Lauge angegriffen und läuft dunkelgrau an. Eventuell kennen Sie das von Alugegenständen in der Spülmaschine?

Kunststoffgeräte wie Messbecher sollten aus Polyethylen (PE) oder Polypropylen (PP) sein, wobei Polypropylen etwas wärmebeständiger ist. Polyethylen wird oft auch abgekürzt als HDPE oder LDPE, auch mit PE-HD, PE-LD, oder mit den Kennziffern 02 bzw. 04 im Recyclingdreieck angegeben. Polypropylen hat die Nummer 05.

Markierung für PP

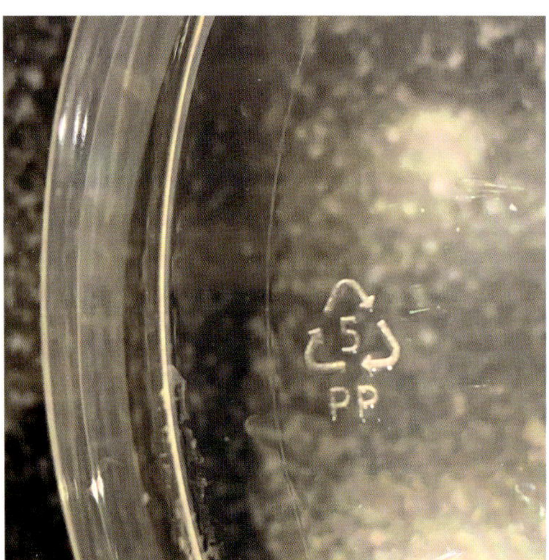

Ungeeignete Kunststoffe sind Polycarbonat (PC, Kennziffer 07) und Polyester (PET, Kennziffer 01), da sie von der Lauge angegriffen werden. Glasgegenstände wie Marmeladengläser, Einmachgläser oder Bechergläser sind ebenfalls gut geeignet.

Pürierstab

Der verwendete Pürierstab sollte ausschließlich für die Herstellung von Seife genutzt werden. Der Schaft sollte aus Kunststoff oder Edelstahl sein, keinesfalls aus Aluminium, welches von der Lauge beschädigt wird. Ein ganz normaler, günstiger Pürierstab (10–20 €) reicht für die Seifenherstellung vollkommen aus.

Waage

Als Waage eignet sich eine Küchenwaage, die auf ein Gramm genau wiegt. Solange Sie keine sehr kleinen Chargen unter 500 g Gesamtfettmenge (GFM) herstellen, reicht sie aus. Später ist die Anschaffung einer Feinwaage mit 300–500 g Maximalbelastung und einer Genauigkeit auf eine Nachkommastelle zu empfehlen, besonders wenn Sie Düfte abwiegen oder Testseifen mit weniger als 500 g Gesamtfettmenge herstellen wollen.

Genauere Waagen tarieren sich beim Einschalten selbst. Deshalb ist es bei Feinwaagen besser, wenn beim Einschalten nichts auf dem Wägeteller steht. Beachten Sie auch die Maximallast Ihrer Waage. Sie soll nicht überschritten werden, denn dies könnte dazu führen, dass die Waage nicht mehr genau arbeitet.

Zum Abwiegen kleiner Mengen wählen Sie am besten leichte Gefäße, zum Beispiel Joghurtbecher aus Kunststoff fürs Natriumhydroxid (NaOH). Nur für Düfte dürfen Sie keine Kunststoffgefäße benutzen, da diese davon angegriffen und aufgelöst werden.

TIPP

Decken Sie die Wiegefläche mit Frischhaltefolie ab, wenn Sie Düfte abwiegen möchten. Denn sonst könnten kleine Spritzer davon den Kunststoff angreifen und Flecken hinterlassen.

Seifenformen

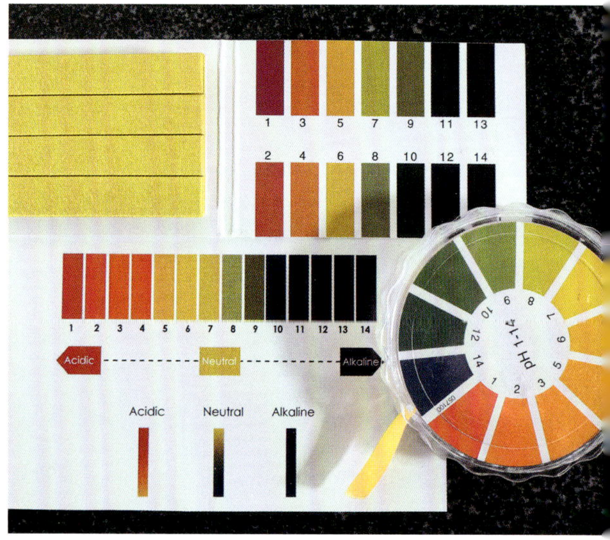

Universal-Indikatorpapiere

Seifenformen

Am häufigsten werden mittlerweile Silikonformen verwendet. Es gibt wunderschöne, filigrane Formen, aber auch einfachere, günstige Kuchen- bzw. Muffinformen sind geeignet. Für den Anfang tun es selbst einfache Joghurtbecher, Tetra Paks von Milch oder Saft- und Eisverpackungen.

Thermometer

Für die Herstellung Ihrer ersten festen Seifenstücke benötigen Sie noch kein Thermometer. Spätestens für die Flüssigseife oder die Seifenpaste brauchen Sie aber eines. Ich empfehle Ihnen die Benutzung eines Bratenthermometers oder eines Infrarotthermometers, auch aus Sicherheitsgründen.

pH-Teststreifen

Für feste Seifenstücke wird kein pH-Papier benötigt, für die Flüssigseife ist es jedoch erforderlich. Am besten geeignet ist einfaches Universal-Indikatorpapier mit einem Messbereich von pH 1 bis 14. Teststreifen, die mehr als ein Farbfeld haben, sind schwer abzulesen und nicht lange haltbar. Sie zeigen dann zwar noch einen Farbwechsel an, sind aber nicht mehr genau. Lackmuspapier ist ungeeignet.

PERSÖNLICHE SCHUTZAUSRÜSTUNG

Da Seife immer mit einer Lauge hergestellt wird, ist es wichtig, einiges über den Umgang mit ätzender Lauge zu wissen. Sicherheit steht hierbei an erster Stelle!

Die persönliche Schutzausrüstung soll den Körper vor Verätzungen mit der Lauge schützen. Dazu gehören Handschuhe, Kleindung mit langen Ärmeln und vor allem die Schutzbrille.

Schutzbrille

Wer schon einmal Seifenwasser in die Augen bekommen hat, weiß, dass selbst stark verdünnte Flüssigkeiten brennen. Ein kleiner Spritzer Lauge jedoch trübt schon die Linse, und Erblindung ist die Folge. Deshalb ist eine gutsitzende Schutzbrille unabdingbar. Eine Lesebrille ist keine Schutzbrille. Dafür braucht es große Gläser bzw. enganliegendes Glas und einen Spritzschutz an der Seite. Modernere Schutzbrillen haben ein zu den Seiten hin gebogenes Sichtfeld und erlauben damit eine bessere Rundumsicht.

Schutzbrille und Überbrille

Hand- und Körperschutz

Zum Schutz der Hände benötigt man Handschuhe. Dünne Einmalhandschuhe schützen ausreichend, müssen aber unter Umständen nach einiger Zeit gewechselt werden, weil sie durch die Feuchtigkeit im Inneren durchlässig werden. Ihr Vorteil ist der sichere Griff, auch wenn Gegenstände mal fettig sind.

Längere und dickere Handschuhe haben den Vorteil, dass sie die Unterarme mit vor Spritzern schützen und man sie öfter verwenden kann. Nachteilig wirkt sich aus, dass das dicke Material nicht viel Tastgefühl zulässt und einem fettige Gegenstände gerne mal aus der Hand gleiten.

Weitere Schutzkleidung, wie sie in einem Labor üblich ist, ist fürs Sieden von Seife nicht erforderlich. Jedoch sollten Sie ältere Kleidung mit langen Ärmeln tragen, damit Laugenspritzer Ihre gute Kleidung nicht verderben und Unterarme und Körper vor Spritzern geschützt sind.

ROHSTOFFE FÜR GRUNDSEIFEN

Fette und Öle sind aus der Sicht eines Seifensieders die wichtigsten Rohstoffe für die Seifenherstellung. Wenn allerdings die Verwender danach gefragt werden, wie ihnen eine Seife gefällt, so riechen sie als Allerersten an ihr. Parfümöle und ätherische Öle sind deshalb ebenso wichtig. Auch vermitteln sie oft ein Gefühl von Sauberkeit und Frische.

FETTSÄUREN

Was ihren chemischen Aufbau anbelangt, sind Fette und Öle gleich. Sie bestehen aus drei Fettsäuren, die an ein Glycerin gebunden („verestert") sind. Die Unterschiede zwischen beispielsweise Schweineschmalz und Olivenöl entstehen durch die Eigenschaften der verschiedenen Fettsäuren. Beim Schweineschmalz sind es andere als beim Olivenöl, und sie bestimmen dann auch die Eigenschaften der Seife.

Diese Fettsäuren werden durch Lauge – egal ob Natronlauge oder Kalilauge – abgetrennt. Es bilden sich die Salze der Fettsäuren, die Seife. Je nach Beschaffenheit der Fettsäure entsteht eine andere Seife, deshalb werfen wir einen Blick auf die Fettsäuren.

GUT ZU WISSEN

Die Eigenschaft der Seife wird durch die verschiedenen Fettsäuren bestimmt.

Gesättigte Fettsäuren

Gesättigte Fettsäuren kommen fast nur in Fetten vor, ob in tierischen oder pflanzlichen wie Palmfett und Kakaobutter. Das sind die Fettsäuren, von denen man nicht so viel essen sollte, weil sie als ungesund gelten.

Die beiden langkettigen gesättigten Fettsäuren heißen **Stearinsäure** und **Palmitinsäure**, und sie kommen meist zusammen vor. Sie machen die Seife hart und verleihen dem Schaum Standfestigkeit. Stearinsäure kann auch zur Neutralisierung von überschüssigem Kaliumhydroxid (KOH) in Flüssigseife verwendet werden.

Kürzerkettige gesättigte Fettsäuren kommen in Kokosöl bzw. -fett vor. Sie heißen **Laurinsäure** und **Myristinsäure** und sind Schaumfettsäuren. Sie geben den schönsten Schaum in der Seife. Neben Kokosfett kommen sie hauptsächlich in Palm*kern*fett und Babassuöl vor. Für die Herstellung von Putzseifen ist aus preislichen Gründen nur das Kokosfett wichtig.

Einfach ungesättigte Fettsäuren

In der Küche verwendete, länger haltbare Öle wie Olivenöl, Mandelöl, Erdnuss- oder Rapsöl sind reich an der einfach ungesättigten **Ölsäure.** Besonders erwähnt werden sollen an dieser Stelle die zum Braten empfohlenen Öle. Das sind spezielle Züchtungen ölsäurereicherer Sorten, deren Haltbarkeit und Hitzebeständigkeit größer ist als in den üblichen Ölen. Sie werden unter dem Namen Bratöl verkauft oder als „reich an ungesättigten Fettsäuren" beworben. Erkennen kann man sie anhand der Nährwerttabelle auf der Rückseite der Ölflasche. Wenn dort die

einfach ungesättigten Fettsäuren angegeben sind, sollte deren Gehalt größer als 60 % sein.

Ölsäure bewirkt in festen Seifenstücken eine Milde, durch die das Stück gern schneller aufweicht, in Seifenpaste sorgt sie für eine gute Wasserlöslichkeit und für höhere Viskosität.

Gegenüber der Ölsäure kommt die **Palmitoleinsäure** seltener vor. Sie ist hauptsächlich in Macadamianussöl enthalten.

Mehrfach ungesättigte Fettsäuren

In Ölen, die eine kürzere Haltbarkeit haben, sind die gesunden, mehrfach ungesättigten Fettsäuren **Linolsäure** (zweifach ungesättigt) und **Linolensäure** (dreifach ungesättigt) enthalten. Leider oxidieren sie durch den Luftsauerstoff sehr schnell; Walnuss- und Leinöl werden daher schneller ranzig als andere Öle. In kleinen Mengen (um 10 %) erhöhen sie das Schaumvermögen von Seifenstücken und geben Seifenpasten ihre weiche, gelige Konsistenz. In Leinöl sind 15 % Linol- und 63 % Linolensäure enthalten. In Rapsöl dagegen 23 % Linol- und 10 % Linolensäure. Damit ist Rapsöl wesentlich haltbarer als Leinöl.

Ricinolsäure

Ricinolsäure ist ein Sonderfall unter den Fettsäuren, da sie als einfach ungesättigte Fettsäure auch eine Hydroxygruppe (OH-Gruppe) trägt. Diese sorgt dafür, dass die Ricinolsäure etwas leichter mit Wasser in Verbindung gebracht werden kann, weil sie chemisch ähnlich dem H^2O, dem Wasser, ist. Ricinolsäure kommt nur in Rizinusöl vor.

Nachdem wir uns die einzelnen Fettsäuren angeschaut haben, können wir die Eigenschaften der Seifen auf die Fette und ihre Fettsäuren zurückführen.

Verschiedene Öle und Fette

FETTE UND ÖLE

Für Wasch- und Putzseifen ist die Zahl der Fette und Öle überschaubar. Wenn möglich, sollten regional hergestellte Fette und Öle verwendet werden. Leider kann auf ein Schaumfett, also auf das Fett der Kokospalme, aber nicht verzichtet werden. Jedoch sind alle Rezepte frei von Palmöl und Palmkernöl, den beiden Fetten der Ölpalme.

GUT ZU WISSEN

Alle Fette und Öle eines Rezepts zusammen werden als Gesamtfettmenge bezeichnet, was mit GFM abgekürzt wird.

Die Härte

Aus den Fettsäuren lässt sich auch die Härte der mit Natronlauge verseiften Seife abschätzen: Multiplizieren Sie dazu die prozentualen Anteile des Rezepts mit den Härtewerten, die beim jeweiligen Öl angegeben sind. Besteht ein Rezept beispielsweise aus 30 % Kokosfett und 70 % Olivenöl, dann lautet die Rechnung 0,3 x 100 + 0,7 x 87 = 90,9.

Mit einer Härte von 01 liegt die Seife im sehr harten Bereich und ist voll gereift (gut zu reiben).

bis 70	weiche Seife
70–80	mittelharte Seife
80–90	harte Seife
90–100	sehr harte Seife (gut zu reiben)

KOKOSFETT/KOKOSÖL

Cocos nucifera

Herkunft: Tropen

Schmelzpunkt: 21–25 °C

Jodzahl: 7–10

Haltbarkeit des Öls: 24 Monate

Unverseifbares: 0,4–1,2 %

Farbe der Seife: reinweiß

Verseifungszahl NaOH: 0,183

Härte: 100; sehr harte Seife

Schaumverhalten: viel großblasiger Schaum

Verseifungszahl KOH: 0,2562

Leicht zu verseifen; Seifenpaste leicht aufzulösen; Flüssigseife dünnflüssig

Kokosfett ist ein reinweißes bis höchstens leicht gelbliches Fett mit dem typischen Geruch der Kokosnuss. Dieser kann durch eine Raffinierung entfernt werden, sodass es nur noch fettig riecht. Oft wird Kokosfett wegen seines niedrigen Schmelzpunktes von 21–25 °C auch als Kokosöl bezeichnet.

Es besteht zu mehr als 80 % aus kurzkettigen Fettsäuren: Caprylsäure (9 %), Caprinsäure (10 %), Laurinsäure (45 %) und Myristinsäure (20 %). Alle genannten Fettsäuren gehören zu den Schaumfettsäuren, das heißt, sie schäumen sehr bereitwillig und erzeugen in der Seife einen großblasigen, reichhaltigen Schaum.

Durch die kurzen Ketten gelingt die Verseifung mit Natronlauge besonders leicht und schnell. Gleiches gilt für die Verseifung mit KOH, sodass Kokosfett ein Hauptbestandteil aller direkt, das heißt ohne „Umweg“ über eine Seifenpaste hergestellten Flüssigseifen ist. Es macht selbst mit 66 % Wasseranteil eine feste, recht steife Paste, die gut in Wasser zu lösen ist und eine dünne Flüssigseife ergibt, die noch angedickt werden kann.

Eine reine Kokosseife im Heißverfahren ergibt keine glatte, sondern eine sehr bröselige Seife. Dafür ist sie innerhalb von 40 Minuten verseift.

Unraffiniert wird Kokosfett im Handel meist im Glas angeboten, oft als Kokosöl bezeichnet. Als raffinierte Qualität wird Kokosfett als silberner Würfel verkauft. Palmin ist ebenfalls raffiniertes und gehärtetes Kokosfett. Raffinierte Fette sind geruchlos.

OLIVENÖL

Olea Europaea (Olive) Fruit Oil

Herkunft: Mittelmeerraum

Jodzahl: 78–90

Haltbarkeit des Öls: < 12 Monate

Unverseifbares: 0,5–1,3 %

Farbe der Seife: grünlich bis gelb

Verseifungszahl NaOH: 0,135

Härte: 87; hart bis sehr hart

Schaumverhalten: kleinblasiger Schaum; oft wenig und fädenziehend

Verseifungszahl KOH: 0,189

Verseift träge; dauert länger; trennt sich öfter

Seifenpaste schwerer zu lösen; Flüssigseife von höherer Viskosität

Olivenbäume wachsen rund um das Mittelmeer. Damit muss Olivenöl über vergleichsweise kurze Strecken transportiert werden, und es ist leicht verfügbar, da es in jedem Supermarkt in vielen Sorten erhältlich ist. Es ist ein gelbliches bis grünliches Öl, je nach Qualität und Herkunft.

Theoretisch wäre das Oliventresteröl zum Herstellen einer Seife zum Putzen ausreichend, doch es ist außerhalb der Herstellerländer kaum erhältlich. Leider hält häufig nicht einmal das Native Olivenöl Extra das, was in Sachen Qualität und Haltbarkeit versprochen wird. Die meisten dieser Öle haben eine sehr begrenzte Mindesthaltbarkeit von nur wenigen Monaten. Dabei ist frisches, qualitativ hochwertiges Olivenöl mehrere Jahre haltbar, und auch reine Olivenölseifen gelten als sehr lange lagerfähig und werden oft erst nach Jahren benutzt, da sie mit dem Alter immer milder und weniger schleimig werden. Die kurze Haltbarkeit des Olivenöls wirkt sich auch auf die Haltbarkeit unsere Seifenstücke und Flüssigseifen bzw. Seifenpasten aus. Auch ihre Haltbarkeit verkürzt sich dadurch.

In Flüssigseife und Seifenpaste wirkt sich Olivenöl konsistenzgebend aus. Allerdings verseift es anders als Kokosfett sehr träge und braucht länger.

In der Fettsäurezusammensetzung dem Olivenöl sehr ähnlich ist die ölsäurereiche Züchtung des Sonnenblumenöls, das oft als h.o.-Öl (high oleic) bezeichnet wird. Es kommt auch als Bratöl in den Handel, als günstiger, regionaler Ersatz für Olivenöl.

Olivenöl-„Flüssigseife“
mit Alkanna gefärbt

RAPSÖL

Canola Oil

Herkunft: regional

Schmelzpunkt: −2 bis −10 °C

Jodzahl: 94–120

Haltbarkeit des Öls: 12 Monate

Unverseifbares 0,5–1,1 %

Farbe der Seife: gelblich

Verseifungszahl NaOH: 0,133

Härte: 69; mittelharte Seife

Schaumverhalten: cremiger Schaum mit mittelgroßen Blasen

Verseifungszahl KOH: 0,1862

Etwas zäher zu verseifen; goldgelbe Farbe

Rapsöl ist eines der drei am häufigsten produzierten Öle weltweit; Raps wird auch in Deutschland angebaut. Unraffiniertes Rapsöl ist ein gesundes, vitaminreiches Nahrungsmittel von goldgelber Farbe. Raffiniert ist es meist hellgelb und oft auch als Pflanzenöl, ohne Angabe der Sorte, im Handel.

In Seifenstücken wird es mit bis zu 25 % der Gesamtfettmenge gern eingesetzt, wobei sich die Seife dann oft gelblich verfärbt.

Als regionales Öl kann es das Olivenöl in Seifenpaste oder Flüssigseife zum Teil oder ganz ersetzen. Dadurch reduziert sich deren Haltbarkeit leicht, denn normales Rapsöl hat einen größeren Anteil an mehrfach ungesättigten Fettsäuren. Zur Verlängerung der Haltbarkeit können Sie 1 % Vitamin E oder Antiranz hinzugeben.

Im Handel gibt es auch ölsäurereiche Rapsöle: Bei ihnen ist durch Züchtung mehr Ölsäure statt Linolsäure enthalten, wodurch sich die Haltbarkeit verlängert. Diese Öle werden zum Braten, oft als sogenannte Bratöle, verkauft.

LEINÖL/LEINSAMENÖL

Linum usitatissimum

Herkunft: Afrika und Europa

Schmelzpunkt: –13 bis –20 °C

Jodzahl: 170–204

Haltbarkeit des Öls: ca. 2 Monate im Kühlschrank

Unverseifbares: 0,4–1,2 %

Farbe der Seife: gelb bis gelbbraun

Verseifungszahl NaOH: 0,128

Härte: 23; sehr weiche Seife, leicht eindrückbar

Schaumverhalten: viel großblasiger Schaum

Verseifungszahl KOH: 0,188

Das Verseifungsverhalten entspricht dem des Olivenöls.

Lein, auch Flachs genannt, wird in tropischen bis gemäßigten Breiten angebaut. Aus ihm wird Leinen hergestellt, und aus seinen Samen wird Leinöl oder Leinsamenöl gepresst.

Leinöl ist ein goldgelbes Öl mit einem leicht nussigen Geschmack. Aufgrund seines hohen Gehalts an mehrfach ungesättigten Fettsäuren, speziell der Alpha-Linolensäure, ist es ein sehr gesundes Öl, das jedoch sehr schnell ranzig wird. Das merkt man am bitteren Geschmack und am leicht fischigen Geruch. Leinöl wird auch als trocknendes Öl bezeichnet, da die Alpha-Linolensäure schnell mit dem Sauerstoff aus der Luft reagiert und verharzt, das heißt, das Öl trocknet. Es bildet einen feuchtigkeitsabweisenden Film auf Holzoberflächen und wird zu deren Schutz und Pflege verwendet. Die Reaktion mit der Luft kann so schnell ablaufen, dass sich ein mit Leinöl getränkter Lappen selbst entzünden kann.

Das Öl eignet sich nicht nur zur Pflege, sondern man kann daraus auch eine Holzbodenseife herstellen.

Die Verseifung mit KOH verläuft ähnlich wie mit Olivenöl, jedoch etwas zügiger. Man sollte Leinölseife in gut verschließbaren Flaschen aufbewahren. Ihr Geruch ist etwas eigen.

RIZINUSÖL

Ricinus Communis Seed Oil

Herkunft: Tropen in Indien und Afrika

Schmelzpunkt: –5 bis 3 °C

Jodzahl: 140–150

Haltbarkeit des Öls: 6–8 Monate

Unverseifbares: 0,5–1,5 %

Farbe der Seife: sehr hell

Verseifungszahl NaOH: 0,128

Härte: 91; sehr hart bis splitternd

Schaumverhalten: kein Schaum

Verseifungszahl KOH: 0,1792

Verseift sehr zügig

Rizinusöl ist klar bis leicht gelblich und sehr dickflüssig, und es wird gern in der Lippen- und Haarpflege eingesetzt, denn es verleiht einen schönen Glanz.

Obwohl Rizinusöl als Schaumverstärker gilt, ergeben aus reinem Rizinusöl gesiedete Seifenstücke überhaupt keinen Schaum. Rizinusöl verstärkt die Wirkung der Schaumfette, indem es die Seife löslicher macht. Dadurch kann man mehr Seife auflösen und bekommt mehr Schaum. In Seifenstücken werden 3–5 % Rizinusöl zur Schaumverstärkung eingesetzt, in Haarseifen auch bis 30 %. Rizinusöl macht Seifen oft leicht transparent. Flüssigseifen macht es klarer und besser löslich im Verdünnungswasser.

In alter Literatur wird das Verseifungsverhalten als leicht mit starken Laugen angegeben und das Rizinusöl wird mit Kokosfett verglichen. Mich hat die Einölseife sehr überrascht. Mit 60 % Wasser war die Rizinusschmierseife innerhalb von 15 Minuten fertig verseift, bei einem pH-Wert von 9.

Rizinusschmierseife

RINDERTALG

Adeps bovis

Herkunft: regional

Schmelzpunkt: 42–52 °C

Jodzahl: 44

Haltbarkeit des Öls: 5–12 Monate

Unverseifbares: 0,1–0,2 %

Farbe der Seife: sehr hell

Verseifungszahl NaOH: 0,143

Härte: 95; sehr hart

Schaumverhalten: mittelblasiger Schaum

Verseifungszahl KOH: 0,2002

Rindertalg ist ein regional verfügbarer Rohstoff, denn es fällt als Nebenprodukt bei der Schlachtung an – und es sollte nicht weggeworfen, sondern verbraucht werden. Je nachdem, von welchem Stück des Rinds das Fett stammt, ist es weicher und hat einen niedrigeren Schmelzpunkt oder härter mit höherem Schmelzpunkt. Das weichere Fett aus dem die Nieren umgebenden Gewebe (Rindernierenfett) wird auch zum Frittieren verwendet.

Rindertalg ergibt sehr feste, gut haltbare Seifenstücke, die nicht schnell aufweichen. Aufgrund seines Palmitin- und Stearinsäuregehalts ist er gut für Seifen zum Wäschewaschen geeignet (je 50 % Kokosfett und Talg). Stearinsäure soll den Schaum etwas stabiler halten, aber auch ohne viel Schaum ist die Reinigung gut.

Durch die Härte lässt sich die Seife gut reiben und zerbröselt dann richtig. Das ist für eine gute Mischbarkeit der Waschmittelrohstoffe wichtig. Gegenüber Seife aus Kokosfett und Schweineschmalz trocknet Seife aus Rindertalg besser und klebt nicht zusammen.

Für Flüssigseifen ist Rindertalg als festes Fett aufgrund seiner Härte nicht geeignet.

SCHWEINESCHMALZ

Adeps suillus

Herkunft: regional

Schmelzpunkt: 28–40 °C

Jodzahl: 57

Haltbarkeit des Öls: 5–7 Monate

Unverseifbares: 0,14–0,35 %

Farbe der Seife: sehr hell

Verseifungszahl NaOH: 0,128

Härte: 91; harte Seife

Schaumverhalten: kleinblasiger, cremiger Schaum

Verseifungszahl KOH: 0,1974

Schweineschmalz ist ein weißes, halbfestes Fett. Es enthält genauso viel Palmitinsäure wie Rindertalg, jedoch etwas weniger Stearinsäure, dafür aber mehr Linolsäure. Diese macht die Seife weich und vom Griff her ganz leicht klebrig im Vergleich zur Rindertalgseife.

Schweineschmalz eignet sich trotzdem für die Herstellung von Wäscheseife, auch wenn ich Rindertalg bevorzugen würde. Eine Kokos-Schmalz-Seife lässt man am besten nach dem Reiben einige Tage trocknen.

Schweineschmalz ist in größerer Menge auch nicht für Flüssigseife geeignet.

DÜFTE

Fast so wichtig wie die reinigende Wirkung eines Produktes ist sein Duft. Auch er symbolisiert Reinheit und Frische. Allergiker sollten damit aber vorsichtig sein und vorher einen Test durchführen; sauber wird es auch ohne Duft. Man unterscheidet zwischen synthetisch hergestellten Düften, den Parfumölen, und natürlichen Düften, den ätherischen Ölen.

Parfümöle

Es gibt sehr viele Anbieter von Parfümölen. Düfte gleichen Namens kann man aber oft nicht vergleichen, weil sie je nach Anbieter verschieden sind; man kann hier keine Empfehlungen aussprechen. Besonders bei den zitronigen Duftnoten gehen die Geschmäcker weit auseinander. Was der eine als zitronig-frisch auffasst, ist für den anderen ein „Toilettenreinigerduft“. Einzig die Duftrichtung Zitronenmyrte hat meiner Erfahrung nach bisher jedem gefallen.

Seifeneignung

Für Reinigungsmittel eignen sich viele Düfte. Besonders beliebt sind Zitrusnoten, Lavendel- und andere Blütendüfte. Beachten Sie, dass bei Düften, die in festen Seifenstücken enthalten sind und deshalb mit durch die Verseifung gehen, geeignete Düfte eingesetzt werden müssen. Nicht jeder Duft ist seifengeeignet. Passendes bekommen Sie bei den diversen Händlern, die auch andere Seifenutensilien anbieten. Düfte für Gießseifen sind für die Herstellung fester Seifenstücke nicht geeignet.

Bei der Menge unterscheidet man zwischen Düften, die mitverseift werden müssen – hier benötigen Sie 3–5 % Parfümöl bezogen auf die Gesamtfettmenge – und solchen, die Sie nach der Verseifung zum Produkt mischen. Hier brauchen Sie weniger Duft. Die genauen Mengen finden Sie bei im Rezeptteil beim jeweiligen Rezept.

Wenn man bei der Verseifung Düfte zusetzt, kann es auch mal böse Überraschungen geben; zum Beispiel dicken einige kurz nach der Zugabe stark an, sodass der Leim innerhalb von Sekunden fest wird. Kaufen Sie besser nicht andickende Parfümöle. Viele Händler geben hierzu Informationen weiter.

Wäscheparfüm für selbst hergestelltes Waschmittel bekommen Sie auch fertig zu kaufen, zum Beispiel bei Hobbythek oder www.behawe.com (siehe hierzu auch im Service, Seite 122).

Parfümöl

Ätherische Öle

Ätherische Öle sind natürliche Düfte. Das heißt aber nicht, dass sie generell ungefährlich sind. Da sie hochkonzentriert sind – man braucht zum Beispiel 6,6 kg Lavendelblüten für 100 g Lavendelöl –, sind viele ätherische Öle mit Gefahrstoffpiktogrammen auf der Flasche gekennzeichnet.

Die Gefahrstoffpiktogramme für brennbar, hautreizend, gesundheitsschädlich und umweltgefährdend (v.l.n.r.).

Diese bedeuten, dass die Produkte in konzentrierter Form brennbar, hautreizend, gesundheitsschädlich oder umweltgefährdend sind. Werden ätherische Öle verdünnt, entfällt diese Kennzeichnung.

Die meisten ätherischen Öle sollen nicht unverdünnt auf der Haut angewendet werden. Verdünnt aber sind sie tolle, natürliche Düfte, die für Entspannung und Reinheit stehen.

Für Reinigungsprodukte kommen in erster Linie preiswerte Öle infrage. Allerdings sind wir durch Produkte, die wir bisher verwendet haben, etwas vorgeprägt und erwarten einen ganz bestimmten Duft. Daher habe ich hier einige gängige ätherische Öle ausgewählt. Manche davon haben sogar eine antibakterielle (Lavendel und Eukalyptus) oder antivirale (Öle aus den Schalen von Zitrusfrüchten* und Lemongras) Wirkung.

GUT ZU WISSEN

Zitrusdüfte haben eine kurze Haltbarkeit von ca. einem Jahr. Danach sind sie zumindest nicht mehr für die Hautpflege geeignet, weil sie schnell oxidieren. Die Oxidationsprodukte sind hautreizend, aber zum Entfernen von Etiketten oder in Reinigungsmitteln kann man sie noch gut verwenden.

LAUGE

Neben den Fetten und Ölen ist die Lauge wesentlich für die Art der hergestellten Seife. Leimseife und Kernseifen (ausgesalzene Seife) sind feste Seifenstücke. Sie werden mit Natronlauge hergestellt. Für die Herstellung von Seifenpaste bzw. Schmierseife oder Flüssigseife benötigt man Kalilauge.

Natronlauge

Durch die Verwendung von Natronlauge werden feste Seifenstücke hergestellt, auch Leimseifen genannt. Da der Seifenleim flüssig ist und sich gut gestalten lässt, werden die meisten Hand- und Duschseifen auf diese Art angerührt und in die Formen gegossen.

Natronlauge erhält man, wenn man Natriumhydroxid (chemisch NaOH), auch als Ätznatron bezeichnet, in Wasser löst. Natriumhydroxid ist ein Feststoff, der aus kleinen weißen Perlchen besteht. Die früher üblichen Laugenplätzchen sind nur noch selten erhältlich. Sollten Sie sich die Größe der Perlchen aussuchen können, bevorzugen Sie eine mittlere Größe, etwa senfkorngroß. Diese lassen sich besser handhaben als zu kleine Perlchen, weil sie sich nicht so stark elektrostatisch aufladen und dadurch weniger wegspringen und kleben bleiben. Trotzdem lösen sie sich schnell in Wasser. Rohrreiniger enthält als Hauptbestandteil auch NaOH.

GUT ZU WISSEN

Natronlauge entsteht durchs Lösen von Natriumhydroxid (NaOH) in Wasser, Kalilauge durchs Lösen von Kaliumhydroxid (KOH).

Kalilauge

Schmierseife, Seifenpaste und Flüssigseife entstehen durch die Verseifung der Fette mit Kalilauge. Hierzu löst man Kaliumhydroxid (KOH), auch Ätzkali genannt, in Wasser. Verdünnt man die Seifenpaste weiter mit Wasser, erhält man Spülmittel, Reinigungsmittel, Flüssigseife oder Shampoo.

GUT ZU WISSEN

Natriumhydroxid und Kaliumhydroxid sind hygroskopisch, das heißt, sie ziehen Luftfeuchtigkeit an. Außerdem reagieren sie mit Kohlenstoffdioxid aus der Luft. Halten Sie deshalb die Flaschen gut geschlossen.

Kaliumhydroxid ist ein Feststoff, weiß bis weißgrau, und er wird in kleinen Schuppen bzw. Plättchen verkauft.

Die Reinheit von KOH beträgt meist nur ca. 90 %. Die fehlenden 10 % bestehen aus Carbonaten und gebundenem Wasser, welches nicht zu sehen ist. Der 90%ige Gehalt muss bei der Berechnung der Lauge berücksichtigt werden. Einige Seifenrechner lassen sich auf 90%iges KOH einstellen. Falls Sie sich mit der Reinheit Ihres KOH unsicher sind, fragen Sie bei Ihrem Händler nach.

WENN BEIDE LAUGEN VERWENDET WERDEN

In manchen Rezepten werden NaOH *und* KOH verwendet. Die Verseifung nennt man dann Mischverseifung.

Laugenberechnung

Die notwendige Menge an Lauge muss für jedes Rezept individuell berechnet werden. Dies geschieht über die Menge der verschiedenen Fette und Öle und ihre Verseifungszahlen, siehe Seite 118 im Serviceteil. Die Verseifungszahl gibt die Menge an KOH (in Milligramm) an, die für die Verseifung von einem Gramm Fett benötigt wird.

Wichtig ist es, zwischen den Verseifungszahlen von KOH und NaOH zu unterscheiden. Alle Werte, die Sie im Internet oder in Büchern finden, sind die KOH-Verseifungszahlen, wenn nichts anderes dabeisteht.

> **TIPP**
> In der Literatur stehen immer die KOH-Verseifungszahlen, außer es steht extra „NaOH" dabei.

Die Verseifungszahl ist für jedes Öl verschieden und wird experimentell ermittelt. Der normale Bereich hängt dabei von der Art des Öls sowie vom Klima und den geologischen Gegebenheiten am Wuchsort ab. Für die Seifenherstellung nimmt man einen Wert nahe der unteren Grenze.

Umrechnung von KOH in NaOH

Will man Seifenstücke herstellen, so benötigt man NaOH und die NaOH-Verseifungszahl:

1 g KOH entspricht 0,714 g NaOH

Multiplizieren Sie die Menge an KOH also mit 0,714; so erhalten Sie die NaOH-Menge.

Umrechnung von NaOH in KOH

Für den umgekehrten Fall, um etwa Flüssigseife herzustellen, müssen Sie NaOH in KOH umrechnen:

1 g NaOH entspricht 1,4 g KOH

Multiplizieren Sie Ihre NaOH-Menge mit 1,4, und Sie erhalten die Menge an KOH (100 %), die Sie benötigen.

Ein Beispiel: Berechnung der Laugenmenge (NaOH) für eine feste Seife

Sie möchten 500 g Gesamtfettmenge verarbeiten, bestehend zu 25 % aus Kokosfett und zu 75 % aus Olivenöl. Das heißt, Sie müssen 125 g Kokosfett und 375 g Olivenöl verwenden. Die NaOH-Verseifungszahlen sind:

Kokosfett: 0,183
Olivenöl: 0,135
125 g Kokos x 0,183 ergibt 22,875 g NaOH
375 g Olivenöl x 0,135 ergibt 50,625 g NaOH

Für eine vollständige Verseifung werden demnach 73,5 g NaOH, die Summe aus beidem, benötigt.

Der Laugenunterschuss

Da die Verseifungszahl jedoch nur ein ungefährer Wert ist und wir die exakten Verseifungszahlen unserer Öle nicht kennen, rechnen wir noch einen Sicherheitsfaktor mit ein, den Laugenunterschuss (LU). Er liegt bei Körperseifen bei einem Wert zwischen 7 und 12 %:

LU 7 %: 73,5 g NaOH x 0,07 = 5,15 g.

Das bedeutet, dass man 5,15 g abziehen muss, wodurch man auf den Wert 68,35 g NaOH kommt.

LU 12 %: 73,5 g NaOH x 0,12 = 8,82 g. Daraus ergibt sich analog der neue Wert 64,68 g NaOH.

Da weniger NaOH verwendet wird, als für die komplette Verseifung notwendig ist, liegt der Gedanke nahe, dass nun Fett übrig bleibt. Oft wird deshalb auch fälschlicherweise von einer Überfettung gesprochen. Dazu kommt es aber nicht, da durch den chemischen Aufbau der Fette eher Mono- und Diglyceride entstehen. Das sind Stoffe, die als Emulgatoren benutzt werden. Näheres dazu finden Sie in meinem Buch „Seife sieden".

Der Laugenunterschuss bei Putz- und Reinigungsmitteln ist niedriger und liegt oft zwischen 0 und 4 %. Hier ist genaues Arbeiten unbedingt genauso erforderlich wie eine gute Endkontrolle, damit keine freie Lauge in der Seife bleibt.

Es geht auch einfacher – mit einem Seifenrechner

Meist berechnen Seifensieder ihre Laugenmenge nicht mehr auf die gezeigte Weise, denn im Internet gibt es viele Seifenrechner, die ihnen diese Arbeit abnehmen. Eine Liste mit Seifenrechnern finden Sie im Service auf Seite 119 f. Da alle Seifenrechner unterschiedlich aufgebaut sind, ist es nicht möglich, eine allgemein gültige Anleitung zu geben. Folgende Angaben werden aber benötigt:

- Gesamtfettmenge oder Gewicht der einzelnen Fette
- Zusammensetzung des Rezepts in Prozent
- Verwendete Lauge; bei KOH auch die Reinheit
- „Überfettung" bzw. Laugenunterschuss
- Wasseranteil
- Duftmenge in Prozent

Für einige der angegebenen Websites brauchen Sie zudem die englischen Namen der Fette – diese finden Sie in der Tabelle mit den Öldaten auf Seite 118.

Ich bevorzuge den englischsprachigen Soapcalc; vergleichbar in deutscher Sprache ist Kathrins Seifenrechner.

SEIFENHERSTELLUNG

Seifenstück, Flüssigseife, Seifenpaste: Hier lernen Sie die unterschiedlichen Herstellungsverfahren kennen und bekommen genaue Rezepte an die Hand, um sich selbst an die Produktion einer Grundseife für Ihre Wasch- und Reinigungsmittel heranzuwagen.

EINIGE BEMERKUNGEN VORAB

Die Herstellung von Flüssigseife erfordert einige Erfahrung. Anfängern empfehle ich deshalb, mit der Herstellung von festen Seifenstücken (Handseifen oder Spülseife) oder festem Waschmittel zu beginnen, sich dann mit der Heißverseifung vertraut zu machen und dann erst mit der Flüssigseife zu starten.

Anfänger finden auf Seite 44 ein Rezept, für das sie alle benötigten Öle im Supermarkt finden. Auch solche günstigen Öle ergeben eine feste, gut schäumende Seife. Angelehnt an das 25er-Grundrezept besteht dieses Einsteigerrezept aus je 25 % Kokosfett und Ra psöl und 50 % Olivenöl und ist somit palmölfrei und vegan. Da die Verarbeitung einfach ist, eignet es sich besonders zum Üben, um sich mit der Laugenherstellung und der Verseifung vertraut zu machen.

Im Anschluss daran erfahren Sie, wie man eine feste Seife im Heißverfahren herstellt. Dieses Verfahren kommt hauptsächlich zum Einsatz, wenn man Flüssigseife und Schmierseife oder Seifenpaste herstellen will.

Da für die Herstellung von Seife immer eine Lauge notwendig ist, muss ich Sie hier zu Beginn mit dem sicheren Umgang mit Lauge vertraut machen: Weil jede Lauge ätzend ist, ist beim Arbeiten damit Vorsicht geboten. Bitte lesen Sie die folgenden Sicherheitsrichtlinien gut durch und handeln Sie danach, damit Sie Ihre und die Gesundheit Ihrer Familie nicht gefährden.

SCHUTZAUSRÜSTUNG

Legen Sie, bevor Sie zu arbeiten beginnen, Ihre Schutzkleidung an (siehe Seite 17), mindestens jedoch Schutzbrille und Handschuhe. Lange Ärmel schützen Sie vor kleinen, unsichtbaren Spritzern.

ZEIT UND RUHE

Nehmen Sie sich ausreichend Zeit für Ihre Seife und sorgen Sie dafür, dass Sie nicht gestört werden, weder von der Familie noch durch das Telefon. Familienmitglieder, die keine Schutzbrille tragen, dürfen auch nicht zugucken. Haustiere verbannen Sie sicherheitshalber ganz aus Ihrem Siedebereich.

DER RICHTIGE ORT

Als Anfänger werden Sie noch keinen Extraplatz fürs Sieden haben und in der Küche arbeiten. Räumen Sie dafür alle Lebensmittel weg und sorgen Sie für ausreichend Arbeitsplatz. Empfindliche Oberflächen können Sie mit alter Zeitung abdecken.

Da die Lauge beim Anrühren heiß wird, stellen Sie Ihr Rührgefäß am besten ins Spülbecken und lassen etwas kaltes Wasser zur Kühlung ein. Achten Sie darauf, dass Sie nicht zu viel Wasser ins Spülbecken einlassen, damit das Laugengefäß nicht umfällt. Sollte etwas daneben gehen, können Sie es einfach wegspülen.

GUT ZU WISSEN

Die Lauge wird beim Anrühren sehr heiß.

WAS SIE SONST NOCH BRAUCHEN

Wiegen Sie das entmineralisierte Wasser getrennt vom NaOH (oder KOH) ab. Für das NaOH benutzen Sie am besten ein kleineres, leichtes Gefäß, besonders wenn Sie weniger als 500 g Gesamtfettmenge verarbeiten, weil die Maximallast bei Feinwaagen meist nicht allzu hoch ist. Je kleiner die Menge ist, die Sie abwiegen wollen, desto leichter sollte das Wiegegefäß sein.

Leider sind Plastikbecher wie Joghurtbecher manchmal ungeeignet: Wenn die Laugenperlchen nämlich elektrostatisch aufgeladen sind, springen sie weg. Kleine Glas- oder Porzellangefäße sind dann besser geeignet. Zur eigenen Entladung können Sie an einen Heizkörper oder an eine Wasserleitung fassen.

Der Behälter zum Anrühren der Lauge sollte wärmestabil sein, da die Lauge sehr heiß werden kann. Hier sind Glasgefäße oder Kunststoffmessbecher gut geeignet. Achten Sie beim Kunststoff auf das Material (siehe dazu die Materialliste auf Seite 14). Ich benutze am liebsten Bechergläser mit Griff aus dem Laborfachhandel. Diese lassen sich auch mit Handschuhen sicher festhalten.

GUT ZU WISSEN

Weil Laugenperlen beim Abwiegen manchmal davonspringen, da sie elektrostatisch aufgeladen sind, sollten Sie zum Abwiegen besser kein Plastikgefäß verwenden.

Verschiedene Wiegegefäße

ANRÜHREN DER LAUGE

- Ziehen Sie die Schutzbrille und die Handschuhe an.
- Wiegen Sie kaltes, entmineralisiertes Wasser ab – auch einige Eiswürfel aus entmineralisiertem Wasser können dazu genommen werden – und stellen Ihr Laugengefäß in das Spülbecken.
- Wiegen Sie jetzt das NaOH ab und verschließen Sie danach das Gefäß sorgfältig.

TIPP

Da NaOH und KOH Luftfeuchtigkeit anziehen, verschließen Sie das Vorratsgefäß sofort nach dem Abwiegen luftdicht.

- Geben Sie einen kleinen Teil des NaOH *unter Rühren* zur Flüssigkeit – nicht umgekehrt. Rühren Sie so lange, bis das NaOH aufgelöst ist. Jetzt können Sie die nächste kleine Portion zugeben und rühren. Sobald die Flüssigkeit heiß wird, legen Sie Pausen beim Anrühren ein, damit die Lauge wieder abkühlen kann. Entstehende Dämpfe sind reizend und sollten nicht eingeatmet werden. Sie können ein Fenster für frische Luft öffnen.

ACHTUNG

Immer das NaOH oder KOH zur Flüssigkeit geben, nie umgekehrt!

Die Lauge auf dem Fensterbrett oder auf dem Balkon anzurühren halte ich für gefährlich, da man danach mit der Lauge durch die Wohnung läuft und stolpern könnte. Ebenso ist von der Benutzung der Dunstabzugshaube abzuraten, weil sich direkt darunter das Kochfeld aus Glas befindet. Diese Glasplatte wird von heißen Laugenspritzern angegriffen und ist als Arbeitsort damit ungeeignet.

Sicherer ist es, sich Zeit beim Anrühren zu nehmen, gelegentlich zu warten und so erst keine Laugendämpfe entstehen zu lassen.

LAUGENSPRITZER ENTFERNEN

Selbst bei sorgfältigem Arbeiten kann es dazu kommen, dass etwas Lauge verspritzt. Nehmen Sie dann ein feuchtes Tuch und wischen Sie die Lauge damit gründlich auf. Denken Sie auch hier noch ans Tragen von Schutzbrille und Handschuhen. Auch weggehüpfte NaOH-Perlen können Sie so aufnehmen. Waschen Sie das Tuch anschließend gut aus. Wenn Sie sich besser fühlen, können Sie mit Essigwasser nachwischen, wobei das eigentlich nicht notwendig ist. So reinigen Sie auch nach dem Sieden Ihre Arbeitsfläche. Allgemein gilt: Arbeiten Sie sorgfältig und nehmen Sie Spritzer oder NaOH-Perlchen immer sofort auf.

LAUGE AUF DER HAUT

Laugenspritzer sind auf der Haut nicht immer zu sehen, aber man erkennt sie daran, dass die Stelle zu jucken beginnt. Erst später stellt sich ein leichtes Brennen ein. Bleiben Sie ruhig und gehen Sie zum nächsten Wasserhahn.

GUT ZU WISSEN

Laugenspritzer werden mit viel Wasser abgewaschen. Versuchen Sie nicht, die Haut mit Essigsäure zu neutralisieren. Das schädigt mehr, als es nützt.

Egal, was Sie woanders gelesen haben, spülen Sie Laugenspritzer *immer sofort mit viel Wasser* ab – und nichts weiter! Spülen Sie einige Minuten, jedoch mindestens, bis das glitschige Gefühl verschwunden ist. Ist die Haut gerötet, können Sie anschließend eine Pflegecreme auftragen. Offene Wunden oder länger gerötete Stellen sollten Sie einem Arzt zeigen.

Haben Sie trotz Schutzbrille einen Laugenspritzer ins Auge bekommen, muss das Auge mindestens zehn Minuten mit geöffnetem Lid unter fließendem Wasser gespült werden. Achten Sie darauf, dass das Wasser nicht ins unverletzte Auge läuft. Danach müssen Sie sich unbedingt von einem Augenarzt behandeln lassen!

SICHERHEITSHINWEIS

Laugenspritzer im Auge können zur Erblindung führen; deshalb tragen Sie bei Arbeiten mit ätzenden Stoffen – auch frischer Seifenleim ist ätzend – immer eine Schutzbrille!

SEIFENSTÜCKE IM KALTVERFAHREN

Für den ersten Einstieg ins Seifensieden empfehle ich Ihnen die Herstellung einer einfachen Hand- oder Duschseife. Eine feste Seife zum Wäschewaschen wäre auch denkbar (siehe das Rezept auf Seite 49). Kaufen Sie am besten erst einmal günstige Fette und Öle aus dem Supermarkt. Das im Folgenden beschriebene Rezept ergibt eine milde, palmölfreie Seife, die jedoch zwischen den Benutzungen abtrocknen sollte. Für eine bessere Wasserstabilität setzt man im Rezept rund 50 % feste Fette ein. Das können tierische Fette wie Schweineschmalz und Rindertalg sein oder pflanzliche Butter wie Kakaobutter und Sheabutter, die es aber meist nicht im Supermarkt gibt.

Rezeptvariationen zu diesem Grundrezept finden Sie auf Seite 49.

GUT ZU WISSEN

Wenn Sie Fette ersetzen oder Mengen ändern, müssen Sie das Rezept neu berechnen.

GRUNDREZEPT FÜR EINE VEGANE DUSCHSEIFE

Für die Herstellung Ihrer ersten Seife benötigen Sie ausreichend Zeit und Ruhe. Sorgen Sie dafür, dass Sie ca. zwei Stunden ungestört sind, und vermeiden Sie Hektik.

Rezept für 1000 g GFM

- 280 g entmineralisiertes Wasser (28 % der GFM)
- 132 g NaOH (10 % LU)
- 250 g Kokosfett (25 % der GFM)
- 500 g Olivenöl (50 % der GFM)
- 250 g Rapsöl (25 % der GFM)
- 30 g ätherisches Lavendelöl oder Eukalyptusöl oder ein seifengeeignetes Parfümöl (3 % der GFM)

LAUGENUNTERSCHUSS VS ÜBERFETTUNG

Der Begriff Laugenunterschuss, früher Überfettung genannt, bedeutet, dass weniger Lauge benutzt wird, als zur vollständigen Verseifung der Fette notwendig ist. Da Fette und Öle als Naturstoffe natürlichen Schwankungen unterliegen, ist der Laugenunterschuss eine Art Sicherheitsfaktor und sorgt für mildere Seife.

Vorbereitung

01 Legen Sie einen geeigneten Arbeitsplatz, zum Beispiel in der Küche, mit Zeitungspapier aus oder decken den Bereich mit einer Plastikdecke ab. Lebensmittel sollten nicht in der Nähe der Seifenzutaten stehen.

02 Berechnen Sie Ihr Rezept mit einem Seifenrechner und drucken es sich aus.

03 Legen Sie Ihre Schutzkleidung und die Schutzbrille an.

TIPP

Wenn die Lauge mit nur 28 % Flüssigkeit bezogen auf die GFM angerührt wird, wird sie nicht ganz klar. Verrühren Sie die Mischung gut.

Herstellung

01 Wiegen Sie das entmineralisierte Wasser und das NaOH in zwei verschiedenen Gefäßen ab.

02 Stellen Sie durch langsames Zugeben des NaOH zum entmineralisierten Wasser unter Beachtung der Sicherheitsregeln die Lauge her und lassen Sie diese abkühlen.

03 Wiegen Sie den Duft in einem kleinen Glas- oder Keramikgefäß ab und stellen ihn in die Form. Nehmen Sie für Düfte keine Kunststoffbecher, weil Düfte das Material angreifen.

04 Öle zum Abkühlen der Fette zugeben.

05 Temperatur messen.

06 Lauge durch ein Sieb zu den Ölen gießen.

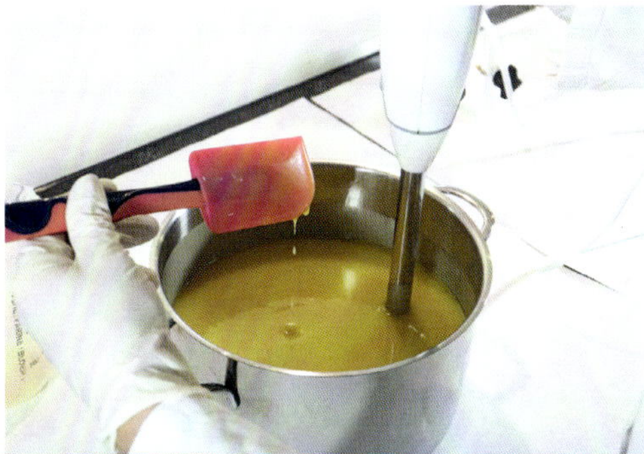

07 Leim emulgiert.

04 Schmelzen Sie die 250 g Kokosfett im Topf und geben die Öle hinzu.

05 Mischen Sie die Fette mit einem Teigschaber und kontrollieren Sie die Temperatur. Sie sollte bei etwas über Handwärme liegen, zwischen 35 und 40 °C.

06 Hat die Lauge die gleiche Temperatur erreicht, so gießen Sie sie vorsichtig durch ein Sieb zu den Fetten.

GUT ZU WISSEN

Schalten Sie den Pürierstab erst ein, wenn er vollständig in die Öle eingetaucht ist. Vermeiden Sie beim Eingießen Spritzer.

07 Unter abwechselndem Rühren mit dem Pürierstab und dem Teigschaber werden Fette und Lauge gemischt, bis alles Fett gut in die Emulsion eingearbeitet ist. Prüfen Sie dabei mit dem Teigschaber die Konsistenz des Leims. Je mehr Sie rühren, desto dicker wird er.

08 Andickender Leim, noch halbwegs flüssig.

08 Angedickter Leim, sehr zähflüssig.

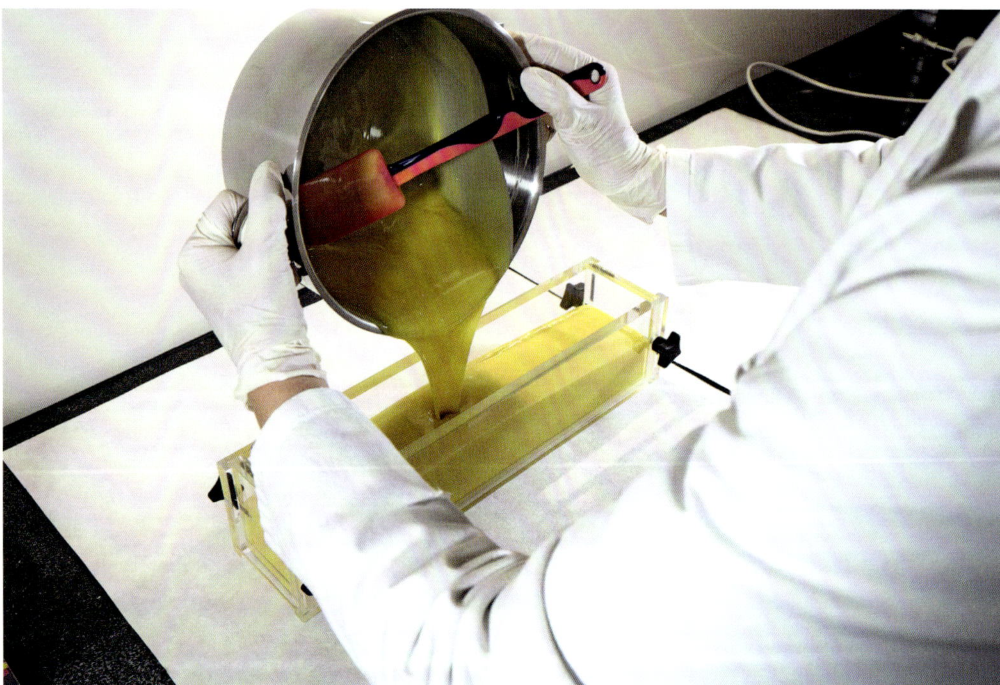

09 In die Form gießen.

08 Sobald an der Oberfläche des Leims kein Fett mehr erkennbar ist, spätestens wenn vom Teigschaber zurücktropfender Leim eine Spur hinterlässt, nehmen Sie den Pürierstab heraus. Fahren Sie mit dem Teigschaber einmal um den inneren Rand des Topfes und rühren die Fettreste gut unter.

09 Jetzt geben Sie den Duft hinzu und rühren ihn gut unter. Gießen Sie den Leim in die bereitstehende Form und decken ihn mit Frischhaltefolie ab.

10 Die Form wird gut mit Handtüchern eingepackt, damit die Seife ihre Temperatur hält.

Gelphase oder nicht?

Die bei der Verseifung entstehende Wärme bringt die Seife bei ausreichender Temperatur in eine Art schmelzflüssigen Zustand, den man als Gelphase bezeichnet. Eine solche ist jedoch für eine normale Seife nicht zwingend notwendig, außer man verwendet Naturfarben. Für die Gelphase spielt neben der Temperatur auch der Wassergehalt eine Rolle: Für eine gegelte Seife nimmt man besser 33 % Wasser bezogen auf die Gesamtfettmenge.

Durch eine Gelphase wird die Seife schneller fest; ihre Farbe wird dunkler, und verwendete Naturfarben werden brillanter. Weitere Vorteile hat die Gelphase nicht. Isolieren Sie Ihre Seife gut durch Einpacken und prüfen Sie ab und zu ihren Zustand.

Reinigen der Geräte

Die einfachste Methode ist, vor dem Saubermachen abzuwarten, bis der Seifenleim an den Geräten fertig verseift ist. Die entstandene Seife spült sich dann besonders leicht ab. Dazu braucht man allerdings einen Platz, an dem die Geräte stehen bleiben können, ohne dass Kinder oder neugierige Haustiere drankommen. Alternativ reiben Sie die fettigen Geräte mit Papier ab und spülen sie dann. Bitte beachten Sie, dass der frische Leim noch ätzend ist, und tragen Sie dabei Schutzbrille und Handschuhe.

Sie können natürlich auch die Spülmaschine benutzen. Dabei ist wichtig zu wissen, dass zu viel fertige Seife die Spülmaschine zum Überschäumen bringen kann. Auch Seifenleim mit viel Parfümöl sollten Sie vorher gut entfernen, weil die Parfümöle in der Spülmaschine nicht ganz herausgehen und dafür sorgen, dass die ganze Maschine länger „duftet“.

> **TIPP**
> Schäumt die Spülmaschine arg, so geben Sie etwas Essig(essenz) in den Innenraum.

Ausformen und Reifen

Normalerweise ist eine Seife nach 24–48 Stunden ausreichend fest und die Verseifung damit so weit fortgeschritten, dass man sie aus der Form nehmen kann. Da bei diesem Rezept jedoch Wert auf leicht zu beschaffende, einfache Zutaten gelegt wurde, enthält es 75 % Öle und 25 % Fette statt der üblichen 50 % Öle und 50 % Fette. So kann es passieren, dass die Seife mehrere Tage braucht, bis sie ausreichend hart ist und aus der Form kommt. Aber keine Sorge, sie wird gut fest. Sie braucht nur etwas Zeit.

Ziehen Sie zum Ausformen unbedingt erst einmal Handschuhe an und legen Sie sicherheitshalber auch die Schutzbrille wieder an, bis

Seife schneiden

sichergestellt ist, dass keine Flüssigkeit unter der Seife in der Form steht.

Ist die Seife aus der Form, wird sie in handgerechte Stücke geschnitten und zum Reifen und Trocknen ins Regal gestellt. Dazu benutzt man ein Messer mit schmalem Rücken, eine Spachtel oder einen Käseschneider.

Im Trockenregal sollten die Seifenstücke mindestens vier, besser sechs Wochen reifen, bis die Verseifungsreaktion endgültig abgeschlossen und überschüssiges Wasser verdunstet ist. Dann verbraucht sie sich nicht zu schnell.

TIPP

Sollte sich die Seife nicht gut aus der Form lösen, kann man sie einfrieren. Dabei sollte sie mehrere Stunden durchfrieren. Kurz nachdem man sie aus der Gefriertruhe nimmt, lässt sie sich gut ausformen. Es kann helfen, dafür ein warmes, feuchtes Tuch auf die Rückseite der Form zu drücken. Durch den Feuchtigkeitsfilm zwischen Seife und Form gleitet das Stück recht gut heraus.

TEST AUF FREIES ALKALI

Irren ist menschlich, Fehler ebenso, nur steht beim Seifensieden und anschließendem Benutzen die Sicherheit an erster Stelle. Hat man sich verrechnet, verlesen oder hat falsch gewogen oder ein Fett vergessen, kann es sein, dass freie Lauge in der Seife verblieben ist. Damit sich niemand verätzt, muss mit jeder fertigen Seife ein Test gemacht werden. Normalerweise ist das der sogenannte Küsschentest. Sie können aber auch pH-Papier verwenden.

Küsschentest

Frühestens drei Tage nach dem Seifesieden tippen Sie kurz mit der Zungenspitze dran. Ob Kokosfettseife oder Seife mit Parfümölen oder ätherischen Ölen: Meistens schmeckt das nicht gut. Wenn Sie nicht das Gefühl haben, einen elektrischen Schlag zu bekommen, dann ist die Seife in Ordnung – es liegt keine freie Lauge mehr vor und die Seife kann nach der Reifezeit benutzt werden.

Den pH-Wert messen

Alternativ zum Küsschentest kann man den pH-Wert auch mit Universal-Indikatorpapier messen. Ein solches benötigen Sie auch zur Herstellung der Flüssigseife.

Zur Messung befeuchten Sie die Seife an einer Stelle mit einem Tropfen Wasser und halten ein kleines Stück des pH-Papiers hinein. Die Seife ist in Ordnung, wenn die Farbskala einen Wert zwischen 8 und 10 anzeigt. Zeigt sich ein pH-Wert von 11 oder mehr, so lassen Sie die Seife bis nach der Reifezeit liegen und messen dann erneut. Seifen, die zu alkalisch sind, dürfen nicht verwendet werden – sie verätzen die Haut. Retten kann man sie durch Aussalzen (siehe Seite 69) oder Einschmelzen.

Den pH-Wert mit Universal-Indikatorpapier messen.

REZEPTVARIATIONEN

Wasserstabile Handseife 1000 g GFM	Pflegeseife für trockene Haut vegan 1000 g GFM	Milde Duschseife für empfindliche Haut (nach Ursula; ohne Schaumfett*) 1000 g GFM
250 g Kokos (25 % der GFM)	250 g Kokos (25 % der GFM)	975 g Olivenöl (97,5 % der GFM)
200 g Rindertalg (20 % der GFM)	50 g Kakaobutter (5 % der GFM)	25 g Stearinsäure (2,5 % der GFM)
550 g Olivenöl (55 % der GFM)	150 g Sheabutter (15 % der GFM)	122,1 g NaOH für 10 % LU
134 g NaOH für 10 % LU	550 g Olivenöl (55 % der GFM)	Reifezeit: 6 Wochen, besser 4–6 Monate
	131,7 g NaOH für 10 % LU	

*) Wenn Sie sehr hartes Wasser haben, verwenden Sie 10 % Kokosfett im Rezept.

Diese Rezepte können Sie analog zum Grundrezept herstellen. Achten Sie aber auf die jeweils abweichenden NaOH-Mengen.

Bei der Milden Duschseife müssen Sie das Olivenöl miterwärmen. Hier dauert die Verseifung rezeptbedingt etwas länger. Sie können die Seife ruhig drei bis vier Tage in der Form lassen. Sie soll vor dem Ausformen schon fest sein.

SEIFENSTÜCKE IM HEISSVERFAHREN

Um die Reifezeit zu verkürzen, können Sie eine Seife im Heißverfahren (englisch HP von Hot process) sieden. Dazu muss der Seifenleim über die Zeit der Verseifung bei einer Temperatur von 85–95 °C gehalten werden: je nach Rezept und Wärme zwischen einer und zwei Stunden.

Erwärmen kann man den Leim im Backofen oder im Wasserbad. Am praktikabelsten dafür hat sich für mich ein Slowcooker, auch Crockpot genannt, erwiesen, weil der Leim im dicken Tontopf lange heiß bleibt. Beim Umfüllen in die Formen ist es von Vorteil, wenn die Seife heiß ist – heißer Leim ist fließfähiger.

Diese Seife kann gerieben für festes Waschmittel benutzt werden. Sie schäumt gut, ist aber aufgrund dessen, und weil der Laugenunterschuss recht gering ist, für die Hautpflege eher ungeeignet. Sie können den Laugenunterschuss aber gut auf eine Handseife anpassen.

Dieses Rezept ist vegan und palmölfrei, denn verarbeitet wird Rapswachs, auch als Rapsbutter bezeichnet. Auch Sojawachs oder hydriertes Sojaöl kann benutzt werden.

GRUNDREZEPT FÜR EIN WASCHMITTEL ODER EINE VEGANE DUSCHSEIFE

Rezept für 500 g GFM

- 200 g Kokosfett (40 % der GFM)
- 200 g Ölivenöl (40 % der GFM)
- 100 g Rapswachs (20 % GFM; als Rapsöl in den Seifenrechner eingeben)
- 125 g entmineralisiertes Wasser (25 % der GFM)
- NaOH für LU 4 % (Waschmittel) oder 10 % (vegane Duschseife)
- 2 EL Joghurt oder 2 g Milchsäure (80 %) in 30 g entmineralisiertem Wasser (vegan)

Herstellung im Slowcooker

01 Schalten Sie Ihren Slowcooker auf Stufe „High“ an und geben Sie das Rapswachs und das Kokosfett zum Schmelzen hinein.

02 Wenn das Kokosfett geschmolzen ist, kann das Olivenöl dazugegeben werden. Die Mischung sollte eine Temperatur etwas über 80 °C haben.

03 Bereiten Sie unter Einhaltung der Sicherheitsmaßnahmen die Lauge vor. Sie muss nicht abkühlen.

04 Messen Sie die Temperatur der Fette. Sie darf 95 °C nicht überschreiten, damit das Wasser der Lauge nicht hochkocht. Ist die Temperatur in Ordnung, gießen Sie die Lauge durch ein Sieb zum Fett und pürieren Sie die Mischung, bis der Leim dick ist.

05 Setzen Sie den Deckel auf den Slowcooker und warten Sie die Verseifung ab. Sollte Ihr Gerät zu heiß werden und zum Beispiel der Leim am Rand zu sehr hochkochen, so schalten Sie den Slowcooker herunter oder nehmen den Tontopf kurz aus dem Heizgerät heraus.

06 Der Leim wird von außen nach innen glasig werden und in die Gelphase kommen. Wenn etwa die Hälfte des Leims glasig ist, rühren Sie mit dem Teigschaber einmal durch und warten dann, bis der Rest ebenfalls in der Gelphase ist.

07 Jetzt warten Sie zur Vervollständigung der Verseifung noch einmal 20 Minuten und rühren während dieser Zeit ein- bis zweimal um.

04 Leim angedickt.

07 Seife in der Gelphase.

08 Dann erwärmen Sie das entmineralisierte Wasser mit 2 g Milchsäure oder den Joghurt, geben diese Mischung hinzu und rühren sie kräftig unter. Der Leim sollte dabei fließfähiger werden. Anschließend füllen Sie den heißen Leim in die Form. Je wärmer er ist, desto besser geht das.

09 Sobald die Seife ganz abgekühlt ist, können Sie sie aus der Form nehmen, schneiden und zum Trocknen aufstellen.

10 Machen Sie den Küsschentest oder messen Sie den pH-Wert der Seife. Ist er kleiner als 11, so ist die Seife in Ordnung.

Reifezeit: Auch bei der Heißverseifung sollten Sie vor der Benutzung des Produkts noch mindestens zwei Wochen warten. Soll es als Waschpulver verwendet werden, so schneiden Sie es in kleinere, handliche Stücke, die besser durchtrocknen.

GUT ZU WISSEN

Die Oberfläche der Form lässt sich mit einem Stück Frischhaltefolie gut glattstreichen, solange sie heiß ist. Wer dies nicht machen will, hat am Ende eine etwas rustikal wirkende Seife.

Herstellung im Backofen

Im Backofen hat man einen großen Raum zum Aufheizen. Das lohnt nur für großere Mengen. Da die Temperaturen im Bereich unter 100 °C oft nicht so genau sind, sollte man die Temperatur öfter kontrollieren. Besser ist es, wenn Sie für den Topf, den Sie in den Backofen stellen, einen Glasdeckel verwenden, denn den müssen Sie nicht jedes Mal abnehmen, um den Seifenleim zu prüfen.

Herstellung im Wasserbad

Wenn ich kleine Mengen heißverseifen will, nehme ich einen großen Topf und stelle kleine Gefäße hinein. Sie können auch ein sogenanntes Bain-Marie verwenden.

Wasserbad im Topf

Herstellung auf dem Herd

Auf dem Herd lässt sich feste Seife eher schlecht produzieren, da zu wenig Wasser enthalten ist und die Seife eine gleichmäßige Wärme von allen Seiten benötigt.

FLÜSSIGSEIFE IM HEISSVERFAHREN

GUT ZU WISSEN

Der Leim mit KOH trennt sich sehr häufig. Er bleibt erst homogen, wenn sich genug Seifenmoleküle gebildet haben. Bleiben Sie geduldig, auch wenn sich der Leim zum dritten Mal trennt. Diese Seife benötigt etwas mehr Zeit.

Flüssigseife und Schmierseife bzw. Seifenpaste werden mit Kalilauge hergestellt. Die Verseifung damit ist nicht ganz so unproblematisch wie die mit Natronlauge. Lauge und Fette trennen sich während der Verseifung öfter. Der Vorgang wird deshalb als Heißverseifung durchgeführt. Von Vorteil ist es, wenn man bereits etwas Erfahrung bei der Heißverseifung mit NaOH gesammelt hat.

WODURCH ENTSTEHT DIE RICHTIGE KONSISTENZ?

Auch wenn es oft nur verallgemeinernd heißt, dass bei Verseifung mit Kalilauge Schmierseife entsteht, so ist die Konsistenz des Produkts doch stark von den verwendeten Ölen abhängig, viel stärker als bei der Verseifung mit Natronlauge. So ist eine „Seifenpaste“ mit 75 % Kokosfett trotz des Einsatzes von knapp 70 % Wasser noch eine feste, starre, nicht streichbare Masse. Erst der Einsatz von mehr flüssigen Ölen wie Olivenöl führt zu der eher cremigen Konsistenz, die man mit der Schmierseife assoziiert.

Verdünnt man die Schmierseife oder Seifenpaste, so erhält man Flüssigseife. Allerdings kann man Flüssigseife auch auf direktem Weg herstellen. Jackie Thompson bezeichnet diese Methode in ihrem Buch „Liquid Soapmaking“ als die No-paste-Methode. Meist wird dabei ein größerer Anteil an Kokosfett verwendet, da sich Kokosseife besser löst.

Seifenpaste

WODURCH WIRD FLÜSSIGSEIFE KLAR?

Das größte Ziel bei Flüssigseife dürfte sein, eine möglichst helle, ganz transparente Seife herzustellen. Dieses Ziel kann nur durch ein Zusammenspiel mehrerer Parameter erreicht werden:

Entmineralisiertes Wasser verwenden

Entmineralisiertes Wasser ist frei von Ionen. Es enthält also keine Calcium-, Magnesium- oder Natriumionen. Durch Calcium- oder Magnesiumionen können sich Kalkseifen bilden oder es kommt zur Eintrübung. Auch Natriumionen können die Seife eintrüben; Natriumseifen lösen sich nicht so gut in Wasser wie Kaliumseifen. Auch oder gerade in mit einer Enthärtungsanlage behandeltem Wasser sind Natriumionen enthalten.

Möglichst wenig Laugenunterschuss verwenden

Fette und Öle sind Naturstoffe und als solche immer Schwankungen unterworfen. Der Laugenunterschuss, früher Überfettung genannt, ist ein Sicherheitsfaktor: Er stellt sicher, dass sich am Ende keine freie Lauge in der Seife befindet. Eine klare Flüssigseife sollte aber so wenig wie möglich an Mono- und Diglyceriden enthalten. Diese Stoffe bilden sich, wenn weniger Lauge verwendet wird, als für die vollständige Verseifung der Fette notwendig ist. Es bleiben keine Fette übrig. Bei der Flüssigseife wird daher mit so wenig Laugenunterschuss wie möglich gearbeitet. Mehr dazu finden Sie in meinem Buch „Seife sieden“. Diese Vorgehensweise mit wenig Laugenunterschuss ist aber eine Gratwanderung und das Ergebnis variiert zwischen trüber Seife auf der einen und freier Lauge in der Seife auf der anderen Seite. Für Anfänger ist es deshalb sicherer, eine nicht ganz transparente Seife anzustreben und lieber mit einem Laugenunterschuss von 1 % zu sieden. Ein Einstellen des pH-Wertes bei einer Seife mit freiem Alkali ist später trotzdem noch möglich, nur eben nichts für Anfänger.

Sole und Duftstoffe

Beide Zutaten bewirken zunächst eine Eintrübung der Seife – doch nach einigen Tagen ist sie wieder verschwunden und die Seife klar.

Rezept für 400 g GFM

- 300 g Kokosfett (75 % der GFM)
- 80 g Olivenöl (20 % der GFM)
- 20 g Rizinusöl (5 % der GFM)
- 116 g entmineralisiertes Wasser (29 % der GFM)
- 136 g Glycerin, 85%ig (34 % der GFM)
- 6,8 g NaOH
- 95 g KOH, 90%ig (86 g KOH, 100%ig)
- 500 g entmineralisiertes Wasser (125 % der GFM)
- 20 g Pottasche
- 40 g C-Kons
- Universal-Indikatorpapier
- Stearinsäure

FLÜSSIGSEIFE I MIT SLOWCOOKER

Flüssigseife I hat eine hohe Reinigungskraft und ist sehr dünnflüssig. Sie hat einen hohen Kokosfettanteil. Da Kokosfett gut verseift, trennt sich der Seifenleim weniger und das Auflösen dauert länger als die eigentliche Verseifung. Diese läuft durch einige Tricks recht zügig und ohne Trennprobleme ab. Einer der Tricks ist die Verwendung von ein wenig NaOH. Natronlauge verseift Fette leichter als Kalilauge. Die Produktion einer Seife aus NaOH *und* KOH nennt man Mischverseifung. Da sich NaOH und KOH problemlos im Wasser vertragen, kann man sie nacheinander zu einer Lauge verarbeiten. Achten Sie auch hierbei darauf, die Laugendämpfe nicht einzuatmen! Glycerin kann mit zum Anrühren der Lauge verwendet werden.

Die Verseifung und das Lösen der Seife nehmen etwas Zeit in Anspruch. Rechnen Sie mit dreieinhalb bis vier Stunden insgesamt. Sie benötigen einen Zwei-Liter-Crockpot oder ein ausreichend großes Wasserbad. 400 g GFM ergeben rund 1,5 l bzw. 1300 g Flüssigseife (1 % LU).

Vorbereitung

Falls Sie eine Waage haben, die den ganzen Keramiktopf mit Inhalt wiegen kann, dann notieren Sie das Leergewicht Ihres Topfes. So können Sie später das verdampfte Wasser bestimmen und ergänzen.

Damit die Seife schön klar wird, stellen wir diese Seife mit einem sehr niedrigen Laugenunterschuss her. Unser Sicherheitsfaktor ist damit recht klein und natürliche Schwankungen in der Verseifungszahl können sich durch einen Laugenüberschuss, also eine Seife mit freiem Alkali, bemerkbar machen. Dann kann man die Seife mit Stearinsäure neutralisieren (siehe Kasten auf Seite 57).

02 Lauge abgewogen, links NaOH, rechts KOH.

Herstellung

01 Geben Sie alle Fette und Öle in den Slowcooker und erwärmen Sie sie auf 60–80 °C.

02 Beachten Sie die Sicherheitsregeln zum Umgang mit Lauge. Wiegen Sie 116 g entmineralisiertes Wasser in ein laugenresistentes Gefäß ab und geben Sie das Glycerin dazu. In ein weiteres Gefäß wiegen Sie das NaOH genau ab; dann geben Sie es unter Rühren zur Glycerin-Wasser-Mischung.

03 In das leere Gefäß können Sie jetzt das KOH abwiegen. Stellen Sie anschließend durch langsames Zugeben des KOH zur dünnen Natronlauge die endgültige Lauge her. Sie muss nicht abkühlen. Wenn alles gelöst ist, klart die Lauge auf.

05 Seifenleim fast homogen.

07 Seife beginnt dick zu werden.

04 Prüfen Sie die Temperatur der Fette. Sie sollten keinesfalls heißer als 95 °C sein! Ist die richtige Temperatur eingehalten, so geben Sie die Mischlauge durch ein Sieb zu den Fetten.

05 Pürieren Sie für ca. eine Minute, bis die Mischung homogen aussieht. Sie kann sich recht schnell wieder trennen oder Flocken bilden, was aber kein Problem darstellt.

06 Dann erwärmen Sie 500 g Wasser für die Pottaschelösung auf ca. 60 °C und geben die Pottasche dazu.

07 Nach etwa fünf Minuten pürieren Sie die Fett-Lauge-Mischung ein weiteres Mal. Bald wird sich der zunächst recht klare Seifenleim eintrüben und wie eine Art Apfelbrei aussehen. Halten Sie die Pottaschelösung bereit.

08 Die Mischung wird ziemlich plötzlich flüssig, um dann sofort fest zu werden. Dazwischen ist der richtige Zeitpunkt, um die heiße Pottaschelösung zuzugeben und mit dem Pürierstab einzuarbeiten. Es bildet sich eine Schaummasse auf der Seife.

09-1 Feststeckender Pürierstab.

09-2 Sehr feste Seifenmasse.

09-3 Zerkleinern und lösen der Seife.

10 Noch größere Stücke in der Seife.

10 Stücke werden glasiger und lösen sich.

09 Ist die Seife plötzlich dick geworden, wie auf den drei Bildern 09-1 bis 09-3 zu sehen ist, ziehen Sie den Pürierstab nicht mit Kraft heraus! Es besteht Spritzgefahr. Geben Sie die Pottaschelösung hinzu und pürieren Sie etwas, bis sich der Pürierstab leicht aus der Masse lösen lässt.

10 Jetzt dauert die Verseifung und das Lösen der Seife eine Weile. Dabei sollte man immer mal wieder die Temperatur überprüfen und umrühren oder vorsichtig pürieren, ohne viel Schaum zu erzeugen.

HINWEIS ZUM INFRAROT-THERMOMETER

Ein Infrarot-Thermometer misst die Temperatur nur an der Oberfläche. Wegen des Schaums ist es daher hier nicht geeignet. Oberflächlich konnte ich 54 °C messen, im Inneren waren es knapp 80 °C. Hier ist ein Bratenthermometer besser.

11 Die Verseifung ist fast abgeschlossen, wenn der trübe Seifenleim durchsichtig und klar wird. Jetzt können Sie den pH-Wert messen. Ist der pH-Wert jetzt größer als 11, so senken Sie ihn wie im Kasten angegeben.

12 Da während des Auflösevorgangs Wasser verdunstet, lösen sich Schaum und Seifenflocken nicht vollständig auf. Um zu ermitteln, wie viel Wasser ergänzt werden muss, haben wir anfangs den leeren Topf gewogen. Zusammen mit der Gesamtmasse an Zutaten können wir jetzt bestimmen, wie viel Wasser verdunstet ist, und es ergänzen. Bei mir waren das in 2,5 Stunden knapp 80 ml. Diese Menge wird nun ergänzt. Schalten Sie den Slowcooker danach zum Abkühlen aus.

13 Die letzten Schaumflocken entferne ich, indem ich die Seife, wenn sie abgekühlt ist, durch ein feines Sieb gieße. Das ist auch der Zeitpunkt, zu dem Sie die Konservierung hinzufügen können.

11 Gelöste Seife.

Reifezeit: 2 Wochen. Anschließend den pH-Wert erneut bestimmen und, falls nötig, senken (siehe Kasten).

TIPP

Halten Sie den Rand des Topfes sauber, damit keine Seife anbrennt.

SENKEN DES PH-WERTS MIT STEARINSÄURE

Stearinsäure hat einen Schmelzpunkt von knapp 70 °C. Nehmen Sie einen knappen Teelöffel davon und erwärmen Sie die Säure, bis sie geschmolzen ist. Dann geben Sie davon etwas zu der warmen (!) Flüssigseife. Durch die Lauge wird die Stearinsäure sofort neutralisiert und zu Seife. Rühren Sie gut um und messen den pH-Wert erneut. Ggf. wiederholen Sie den Vorgang.
Die entstehende Stearinseife (Kaliumstearat) löst sich nicht gut in der Flüssigseife und schwimmt in Flocken oben auf. Sie kann mit einem Sieb entfernt werden.

FLÜSSIGSEIFE II IM WASSERBAD

Flüssigseife II hat einen höheren Olivenölanteil als Flüssigseife I und trennt sich bei der Herstellung öfter. Sie ist etwas dickflüssiger, sodass man mit ihr auch gut die Hände waschen oder duschen kann, und hat eine nicht ganz so hohe Reinigungskraft. In meiner Küche steht diese Seife mit einem leichten Orangenduft. Ich benutze sie gerne, wenn ich mit rohem Fleisch gearbeitet habe und mit den Händen dann kein Seifenstück anfassen mag. Auch zum Waschen von Obst und Gemüse benutze ich sie.

Ich zeige Ihnen hier, wie man eine kleine Menge (rund 260 ml) Flüssigseife II im Wasserbad herstellt. Sie können, wenn Sie einen kleinen Topf in einen größeren Topf mit Wasser hängen oder ein Bain-Marie benutzen, die Menge verdoppeln (bis verfünffachen), oder Sie benutzen hier ebenfalls einen Slowcooker. Die Gesamtmasse beträgt zunächst rund 320 g.

Auch hier arbeiten wir mit einem niedrigen Laugenunterschuss, damit die Seife schön klar wird. Ist der pH-Wert nach der abgeschlossenen Verseifung zu hoch, kann man die Seife mit Stearinsäure neutralisieren.

GUT ZU WISSEN

Für Gesamtfettmengen unter 200 g sollten Sie unbedingt eine Feinwaage verwenden.

Rezept für 100 g GFM (1 % LU)

- 50 g Kokosfett (50 % der GFM)
- 50 g Olivenöl (50 % der GFM)
- 28 g entmineralisiertes Wasser
- 34 g Glycerin, 85%ig
- 1,58 g NaOH
- 22,13 g KOH, 90%ig (19,9 g KOH, 100%ig)
- 120 g entmineralisiertes Wasser
- 5 g Pottasche
- 7,5 g C-Kons
- Universal-Indikatorpapier
- einige Gramm Stearinsäure

Vorbereitung

Wiegen Sie Ihr Verseifungsgefäß leer, um später die Verdunstungsverluste ergänzen zu können.

Herstellung

01 Wiegen Sie Kokosfett und Olivenöl ab und stellen es zum Erwärmen ins Wasserbad.

02 Beachten Sie die Sicherheitsregeln zum Umgang mit Lauge. Wiegen Sie das Glycerin und die 28 g entmineralisiertes Wasser in ein laugenresistentes Gefäß ab. In ein weiteres Gefäß wiegen Sie NaOH genau. Geben Sie es anschließend unter Rühren zur Glycerin-Wasser-Mischung.

03 In das leere Gefäß können Sie jetzt das KOH abwiegen. Stellen Sie durch langsames Zugeben des KOH zur Natronlauge die endgültige Lauge her. Sie muss nicht abkühlen.

Fette im Wasserbad geschmolzen und erwärmt.

04 Im Wasserbad können die Fette nicht heißer als 100 °C werden. Prüfen Sie auch unbedingt die Temperatur der Lauge. Fett und Lauge sollten beide nicht heißer als 90 °C sein.

05 Geben Sie die Lauge durch ein Sieb zu den Fetten.

06 Pürieren Sie für ca. eine Minute, bis die Mischung homogen aussieht. Sie kann sich recht schnell wieder trennen oder Flocken bilden, was aber kein Problem darstellt.

07 Lösen Sie jetzt die Pottasche in 120 g heißem, entmineralisiertem Wasser und stellen Sie dieses Verdünnungswasser bereit.

08 Nach fünf Minuten pürieren Sie die Fett-Lauge-Mischung erneut. Sobald sich der Leim nicht mehr trennt und beim Pürieren ein eher glänzendes Aussehen annimmt, geben Sie das heiße Verdünnungswasser dazu und pürieren es unter.

06 Fette emulgieren.

08 Leim beginnt anzudicken.

08 Leim dick und glänzend

08 Verdünnungswasser zugegeben.

08 Seife löst sich.

09 Seifenlösung trüb.

09 Flüssigseife aufgeklart und fast fertig.

09 Jetzt dauern die weitere Verseifung und der Lösungsvorgang noch einige Zeit. Decken Sie ihr Gefäß mit Folie oder einem Deckel zu, damit nicht zu viel Wasser verdunstet. Kontrollieren Sie die Masse ca. alle 20 Minuten und rühren Sie einmal den entstandenen Schaum unter. Die Seife ist fast fertig, wenn sie aufklart und keine undurchsichtig weiße, milchige Farbe mehr hat.

10 Wiegen Sie Ihr Gefäß mit der Seife erneut und ergänzen das verdampfte Wasser mit entmineralisiertem Wasser.

11 Der pH-Wert der Seife sollte jetzt etwa 10 betragen. Ist die Seife alkalischer, so lassen Sie sie noch einmal für 20 Minuten im Wasserbad stehen. Ist sie dann immer noch zu alkalisch, so beachten Sie den Tipp im Kasten auf Seite 57.

12 Konservieren Sie die Seife und füllen Sie sie in eine Flasche um. Etwaige Flocken können Sie mit einem Sieb entfernen.

Reifezeit: 2 Wochen

SEIFENPASTE IM HEISSVERFAHREN

Seifenpaste, oft auch Schmierseife genannt, ist die mildeste der drei Seifen. Durch den hohen Gehalt an Olivenöl – Sie können auch jedes andere ölsäurereiche Öl wie zum Beispiel ölsäurereiches Sonnenblumenöl (Bratöl) verwenden – dauert die Verseifung lange und der Seifenleim trennt sich öfter. Das macht aber nichts, es klappt schon. Die Seifenpaste löst sich später in Wasser sehr langsam. 100 g GFM ergeben 180 g Seife.

Rezept für 100 g GFM (2 % LU)

- 25 g Kokosfett (25 % der GFM)
- 70 g Olivenöl (70 % der GFM)
- 5 g Rizinusöl (5 % der GFM)
- 22,46 g KOH, 90%ig oder 20,2 g KOH, 100%ig
- 60 g entmineralisiertes Wasser
- Sprühflasche mit etwas Alkohol

Herstellung

01 Kokosfett, Olivenöl und Rizinusöl im Wasserbad auf 80–85 °C erwärmen.

02 Unter Einhaltung der Sicherheitsregeln aus dem entmineralisierten Wasser und KOH die Lauge anrühren.

03 Die Temperatur kontrollieren. Lauge und Fette dürfen nicht mehr als 90 °C haben, weil sonst die Lauge beim Zugeben spritzen kann. Jetzt die Lauge zu den Fetten geben und pürieren.

04 Anders als bei der Verseifung mit NaOH dickt der Leim nicht sofort an. Pürieren Sie gut, aber nicht mehr als eine Minute. Lassen Sie den Leim dann fünf Minuten in der Wärme stehen.

05 Regeln Sie die Wärme so, dass das Wasserbad bei einer Temperatur zwischen 80 und 90 °C bleibt und nicht zu heiß wird. Die Verseifung mit KOH-Lauge neigt zur Trennung, besonders dann, wenn der Leim zu heiß wird. Er wird sich öfter trennen und Flocken bilden.

03 Fette und Lauge unvollständig gemischt.

03 Seifenleim noch inhomogen.

04 Seifenleim homogen.

05 Seifenleim flockig und getrennt.

06 Mehr Flocken gebildet.

06 Seifenleim homogen und recht fest.

09 Vaselineartige, weiche Seife.

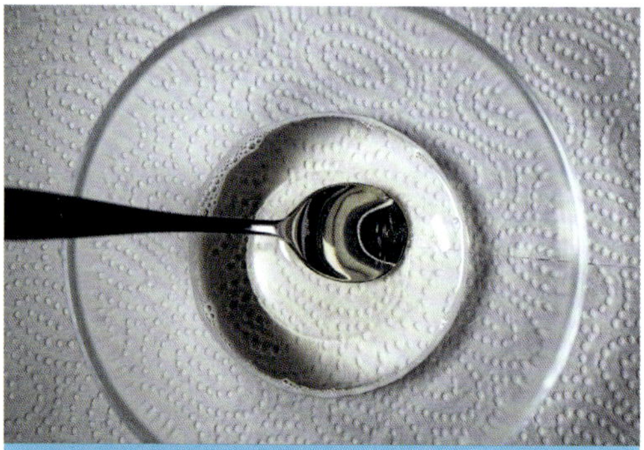

09 Test auf unverseiftes Fett.

GUT ZU WISSEN

Falls Sie eine klare Flüssigseife aus der Seifenpaste herstellen möchten, ist es vorteilhaft, mit möglichst wenig Laugenunterschuss zu sieden. Dann sollte der Test klar ausfallen.

06 Pürieren Sie jetzt alle 20 Minuten für ca. eine Minute, bis der Leim fest wird. Sobald er zu fest zum Pürieren ist, können Sie mit dem Teigschaber ab und zu rühren.

07 Bald wird sich der Leim von einer festen gelblichen Masse in eine transparente, Vaseline-artige, weiche Masse ändern. Das zeigt das baldige Ende der Verseifung an. Lassen Sie die Seife dann noch 20 Minuten fertig verseifen.

08 Testen Sie den pH-Wert. Er sollte um 10 liegen.

09 Machen Sie den Test auf unverseiftes Fett: Dazu erhitzen Sie etwas entmineralisiertes Wasser und lösen darin ca. einen halben Teelöffel der Seifenpaste. Die entstehende Lösung schäumt gut. Der Schaum kann mit etwas aufgesprühtem Alkohol (Weingeist, Ethanol oder Isopropanol) aufgelöst werden. Auf der Lösung sollten keine Fettaugen sein. Klar und durchsichtig wird diese Seifenpaste nur, wenn man fast ganz ohne Laugenunterschuss arbeitet. Das ist für die meisten Verwendungen aber auch gar nicht nötig – sie darf auch trüb oder wolkig sein.

10 Ergänzen Sie fehlendes Wasser und lassen Sie die Seife abkühlen.

11 Füllen Sie die fertige Seife in eine dicht verschließbare Dose. Sie wird während der Reifezeit transparenter und etwas weicher.

Reifezeit: 2 Wochen; die Seife wird dabei ganz opak.

WAS DIE SEIFENPASTE KANN

Die Seifenpaste muss nicht konserviert werden – sie hält, luftdicht verschlossen, lange. Sie kann zum Spülen und zum Putzen verwendet werden, löst sich aber nicht ganz so gut im Wasser auf wie die Flüssigseife. Seifenpaste wird zur Herstellung von Putzpaste und Seifenspiritus benutzt. Sollten Sie sie zum Duschen benutzen wollen, können Sie sie mit 3 % Öl, zum Beispiel Arganöl, überfetten und mit 2 % ätherischem Öl (Eukalyptus : Zeder 1 : 1) beduften. Sie wird am besten mit einem marokkanischen Kessa-Peelinghandschuh oder einem Waschhandschuh benutzt.

GELSEIFE

Siedet man eine KOH-Seife mit viel Kokosfett, so ist das Ergebnis trotz eines 60%igen Wasseranteils eine feste Masse, anders als eine Seife mit 75–90 % Olivenöl (verbleibender Anteil: Kokosfett). Um sie in eine Flüssigseife zu verwandeln, braucht man Verdünnungswasser – oder man stellt mit der Direktmethode gleich eine Flüssigseife her.

Benutzt man die Direktmethode bei einem Rezept mit einem sehr hohen Anteil (<90%) an Olivenöl oder ölsäurereichem Sonnenblumenöl, verdünnt diese Seife während der Herstellung; so erhält man eine sehr dickflüssige, zähe Seife, eine Gelseife. Sie ist zum Putzen von Fliesen gut geeignet, da sie sich gut in Wasser löst und auch gut schäumt.

GUT ZU WISSEN

Es gibt zwei Methoden, eine Flüssigseife herzustellen. Entweder siedet man eine Seifenpaste und verdünnt sie vor Gebrauch oder man stellt eine Flüssigseife nach der Direktmethode her, bei der man die heiße Seife mit Verdünnungswasser zu Flüssigseife verarbeitet.

Gelseife

Rezept für 760 g GFM

- ca. 460 g Olivenöl (60,5 % der GFM)
- 250 g Kokosfett (32,9 % der GFM)
- 50 g Rizinusöl (6,6 % der GFM)
- 460 g entmineralisiertes Wasser (60 % der GFM)
- KOH für 1–5 % LU

SEIFENPASTE IM KALTVERFAHREN

Für die Seifenpaste im Kaltverfahren sollte man schon mal eine kleinere Menge im Heißverfahren gemacht haben, weil die Stadien, die die Seife durchläuft, ganz ähnlich sind. Nur stellt man eine größere Menge her, damit sie durch ihre Eigenwärme in die Gelphase kommt.

Wundern Sie sich nicht über die krummen Prozentzahlen. Das Rezept ist so ausgelegt, dass möglichst wenig Reste bleiben. Es werden ein Kokoswürfel und eine 500ml-Flasche Olivenöl benötigt. Bitte trotzdem genau abwiegen.

Vorbereitung

Für die rund 1,4 kg Seife benötigen Sie einen ausreichend großen Topf von etwa 3 l Fassungsvermögen mit Deckel, ein Thermometer sowie Handtücher zum Isolieren.

Herstellung

01 Wiegen Sie das Olivenöl und die weiteren Fette ab und berechnen Sie die KOH-Menge, die Sie dafür benötigen.

02 Erwärmen Sie Fette und Öle auf 80–85 °C.

03 Setzen Sie die Lauge unter Berücksichtigung der Sicherheitsratschläge an. Sie muss nicht abkühlen. Sobald sie fertig ist, kann sie zu den Ölen gegossen werden. Diese dürfen nicht heißer als 95 °C sein, damit die Lauge nicht hochkocht.

04 Pürieren Sie für etwa fünf Minuten. Jetzt isolieren Sie den Topf mit dem Handtuch rundum und machen rund fünf Minuten Pause. Den Aufsatz des Pürierstabes können Sie im Leim lassen.

05 Anschließend pürieren Sie eine Minute lang. Der Leim sollte sich jetzt homogen verbunden haben und leicht zeichnen. Wenn dies noch nicht der Fall ist, machen Sie weitere fünf Minuten Pause und pürieren noch einmal für eine Minute.

04 Seife zeichnet.

07 Seife in der Gelphase.

06 Wenn sich der Leim verbunden hat, nehmen Sie den Pürierstab heraus, setzen den Deckel auf und legen ein zweites Handtuch über den Deckel.

07 Schauen Sie ab und an mal unter den Deckel. Bei mir war der Leim nach 40 Minuten voll in der Gelphase. Bitte tragen Sie weiterhin Handschuhe und Schutzbrille. Wenn Sie jetzt mit dem Teigschaber den Leim vorsichtig umrühren, befindet sich darunter wahrscheinlich trotzdem noch Lauge. Diese rühren Sie durch Pürieren unter. Dabei verliert die Seife ihr Gel-artiges Aussehen, sie wird wieder heller und dickt plötzlich stark an.

09 Seife bereit zum Umfüllen.

08 Setzen Sie den Deckel auf und prüfen nach 15 Minuten, ob sich noch Lauge unten im Topf befindet. Wenn dies nicht der Fall ist, sind Sie fast fertig. Die Seife erhitzt auf etwa 60 °C und kommt dann in eine weitere Gelphase.

09 Wenn die Seife auf Handwärme abgekühlt ist, können Sie sie in dichte Behälter, zum Beispiel Eisbehälter, umfüllen.

Reifezeit: 2 Wochen; die Seife wird in diesem Zeitraum noch glasiger.

VERDÜNNEN DER SEIFENPASTE

Auch die im Kaltverfahren hergestellte Seifenpaste kann zu einer Flüssigseife verdünnt werden. Die dazu benötigte Wassermenge ist etwas vom Rezept abhängig. Beim hier vorgestellten Rezept, egal ob es mit Olivenöl oder mit ölsäurereichem Sonnenblumenöl hergestellt wurde, nimmt man 100 g Seifenpaste in kleinen Flocken und übergießt sie mit 180 g kochendem entmineralisierten Wasser. Wiegen Sie die Seife in ein Glas mit Deckel ab, da das Lösen mehrere Stunden dauert.

Konserviert wird mit 3 g Chemikons oder 9 g C-Kons. Weitere Informationen zu Konservierungsstoffen finden Sie auf Seite 109 ff.

ANDICKEN DER FLÜSSIGSEIFE

Leider ist die dabei entstehende Flüssigseife recht dünnflüssig, aber die angegebene Menge an Wasser wird schlicht benötigt, da sich sonst nicht die komplette Seife löst. Es bleibt die Möglichkeit, die Flüssigseife anzudicken. Ich habe verschiedene Gelbildner ausprobiert:

Nicht funktioniert haben Alginat, Siligel, Guarkernmehl und Xanthan transparent. Sie lösen sich entweder nicht klar auf oder bilden kein stabiles Gel. Sie schwimmen als fein verteiltes Pulver weiterhin in der Seife.

Mäßig erfolgreich ist das Andicken mit einer 25%igen Solelösung (7,5 g Wasser mit 2,5 g Salz). Bei einer Menge von 2 % der Flüssigseife dickt sie leicht an. Zunächst bildet sich aber die unlösliche Natriumseife in dicken, weißen Flocken. Die Flocken lösen sich später wieder auf, aber sehr viel geliger wird die Seife dadurch nicht.

Überzeugt hat mich Natrosol 250HX (INCI Hydroxymethylcellulose). Mit 0,5 g pro 100 g Flüssigseife erhält man ein klares, geliges Produkt. Mischen Sie dazu die Menge an Natrosol 250HX mit einigen Millilitern Glycerin und geben diese Mischung dann zur Flüssigseife.

Diese mit Natrosol angedickte Flüssigseife hat noch den Vorteil, dass der Spender an der Öffnung nicht so schnell mit eingetrockneter Seife verklebt. Pure Flüssigseife trocknet an dieser Stelle gerne ein und verstopft die Auslassöffnung.

RESTEVERWERTUNG: FRITTIERFETT RECYCELN

Wenn Fette vom Frittieren übrig sind, stellt sich die Frage: Kann man damit noch Seife machen? Wurde das Fett nur ein- oder zweimal benutzt, dann geht das. Fette, die öfter erhitzt wurden, neigen dazu, rasch ranzig zu werden. Hier lohnen sich die Arbeit und der Materialeinsatz oft nicht. Generell ist ein Zusatz von 0,5–1 % Vitamin E (kein Vitamin E-Acetat) sinnvoll bei der Seifenherstellung, wenn nicht ausgesalzen werden soll.

FETTE UND ÖLE REINIGEN

Das abgekühlte Frittierfett wird durch ein sehr feines Sieb, einen Feinstrumpf oder durch ein Papiertuch gefiltert, um auch feine Lebensmittelreste zu entfernen. Danach kann man entscheiden, ob noch ein Reinigungsschritt notwendig ist, weil sich das Fett zum Beispiel stark verfärbt hat oder es nach dem Frittiergut riecht. Dann sollte man sich dafür entscheiden, die Seife auszusalzen. Lesen Sie nun weiter bei der Seifenherstellung aus Frittierfett oder -öl auf der nächsten Seite.

WURDE EIN FETT BENUTZT?

Falls Sie ein festes Frittierfett (Fettstange) benutzt haben, so können Sie nur eine feste Seife für Waschmittel daraus machen. Für eine Flüssigseife ist ein solches Frittierfett ungeeignet. Nehmen Sie dazu 50 % Frittierfett und 50 % Kokosfett.

WURDE EIN ÖL BENUTZT?

Aus Bratöl oder anderen Ölen lässt sich Flüssigseife oder Seifenpaste herstellen. Für feste Seifenstücke, wie sie für Waschmittel benötigt werden, nimmt man sie nur als Zusatz.

Rezept für 800 g GFM

600 g Öl, zum Beispiel Rapsöl oder Bratöl (ölsäurereiches Sonnenblumenöl) (75 % der GFM)

200 g Kokosfett (25 % der GFM)

480 g entmineralisiertes Wasser (60 % der GFM)

NaOH für 0 % LU berechnen und mit 1,1 multiplizieren

SEIFENHERSTELLUNG AUS FRITTIERFETT ODER -ÖL

Ich zeige Ihnen hier, wie Sie zuerst eine Seife aus dem Frittierfett oder -öl herstellen und diese dann anschließend als weiteren Reinigungsschritt aussalzen, wodurch Sie eine Kernseife erhalten.

Egal ob Sie ein Öl oder ein Fett haben, fügen Sie noch 20–25 % Kokosfett hinzu und berechnen die NaOH-Menge für einen Laugenunterschuss von 0 %.

Da wir einen echten Laugen*über*schuss haben möchten – die Seife salzt sich dann besser aus –, multiplizieren Sie das Ergebnis mit 1,1. Der Laugenüberschuss stellt sicher, dass das ganze Fett verseift, denn jeder Seifenrechner gibt zur Sicherheit einen niedrigeren Wert der Verseifungszahl an. Der Überschuss an Lauge wird beim Aussalzen wieder entfernt.

Wenn man nach der Verseifung direkt aussalzen will, ist es am einfachsten, eine Heißverseifung zu machen oder die Methode anzuwenden, die bei der Seifenpaste im Kaltverfahren beschrieben wurde (Seite 64). Beiden gemeinsam ist am Ende eine recht warme Seife, mit der man direkt weiterarbeitet, ohne sie abkühlen zu lassen.

Vorbereitung

Sie benötigen einen ausreichend großen Topf von etwa 5 l Fassungsvermögen mit Deckel, ein Thermometer sowie zwei Handtücher zum Isolieren.

Herstellung

01 Fette und Öle im Topf auf 80–85 °C erwärmen.

02 Lauge unter Beachtung der Sicherheitsregeln herstellen und noch heiß durch ein Sieb zu den Ölen gießen.

03 So lange pürieren, bis der Leim angedickt ist.

04 Jetzt können Sie den Deckel auf den Topf setzen und die Handtücher darum wickeln.

05 Die Seife bleibt jetzt im Topf, bis sie durchgegelt ist und die Temperatur zu fallen beginnt. Anschließend – sie sollte noch heiß sein – erfolgt der Aussalzschritt.

SEIFE AUSSALZEN UND EINE KERNSEIFE HERSTELLEN

06 Tragen Sie auch hier Handschuhe und Schutzbrille. Da die Seife einen Laugenüberschuss hatte, ist sie noch ätzend. Zu der warmen Seifenmasse werden 2,5–3 l kochendes Wasser gegeben; dann wird vorsichtig püriert. Anschließend wird die Masse auf dem Herd unter Rühren zum Kochen gebracht. Dabei soll sie sich ganz auflösen.

07 Sobald eine gleichmäßige Masse ohne Klümpchen entstanden ist, die leicht vor sich hin simmert, geben Sie etwa 300 g Salz hinzu. Tun Sie dies löffelweise und rühren Sie, bis sich das Salz gelöst hat. Erst dann geben Sie den nächsten Löffel Salz dazu.

08 Seifenflocken auf Unterlauge.

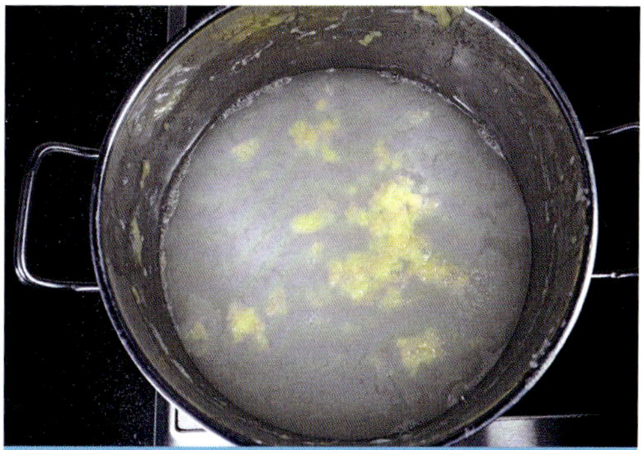

09 Unterlauge

08 Sobald sich kleine Flocken bilden, beenden Sie die Salzzugabe und bringen die Seifenmasse noch einmal zum Aufwallen.
09 Nun schöpfen Sie die Seifenflocken von der Unterlauge ab. Die Unterlauge enthält jetzt die Schmutzstoffe, Salz, überschüssiges NaOH und alle wasserlöslichen Stoffe, die in der Seife waren, zum Beispiel Glycerin und Farben. Sie wird weggeschüttet.
10 Die Seife kommt zurück in den Topf. Dort wird sie mit etwa 2 l kochendem Wasser übergossen, und der Vorgang wird ca. zwei- bis fünfmal wiederholt, bis die Unterlauge fast klar und ihr pH-Wert auf etwa 9 gesunken ist. Hier braucht man jetzt nur noch rund 200 g Salz.
11 Beim letzten Abschöpfen gibt man die Seifenmasse in eine Schüssel und gießt überschüssiges Wasser ab.
12 Dann gibt man sie möglichst warm in eine Form zum Abkühlen.

Aussalzen von Seifenraspeln

Es können auch Seifenreste von anderen Seifen ausgesalzen werden. Dazu übergießt man die Seifenraspeln mit gut der zweieinhalb- bis dreifachen Menge kochendem Wasser und lässt sie etwas weich werden. Anschließend kann man die Mischung mit dem Pürierstab weiter zerkleinern, damit sich die Seifenschnipsel besser lösen. Pro Kilogramm Seifenraspeln gibt man 16 g NaOH (Schutzbrille tragen!) zusätzlich dazu und löst es unter Rühren. Man kocht die Masse auf und salzt sie wie bereits beschrieben aus.

Fürs zweite Aussalzen reicht die doppelte Menge an Wasser, da die Seifenflocken noch Einiges an Wasser enthalten.

Verwendung: Ausgesalzene Seife kann zu Waschmittel verarbeitet werden. Sie lässt sich auch gut reiben, und die Flocken können zum Putzen oder Spülen verwendet werden.

REZEPTE

FÜR WASCH- UND REINIGUNGSMITTEL AUF BASIS DER GRUNDSEIFEN

Wäschewaschen, Küche-, Fenster- und Bodenreinigung sowie Bodenpflege: Im Folgenden finden Sie die passenden Rezepte, um aus einer Grundseife ein jeweils geeignetes Mittel herzustellen.

VORBEMERKUNGEN

Unterschiedliche Materialien erfordern oft auch verschiedene Reiniger, ebenso wie sich der Reiniger nach der Art des Schmutzes richten muss. Dabei kommen diverse Zusatzstoffe zum Einsatz. Näheres zu diesen Stoffen finden Sie ab Seite 102. Bevor Sie ein Rezept ausprobieren, können Sie sich dort über die Eigenschaften der jeweiligen Zusatzstoffe näher informieren.

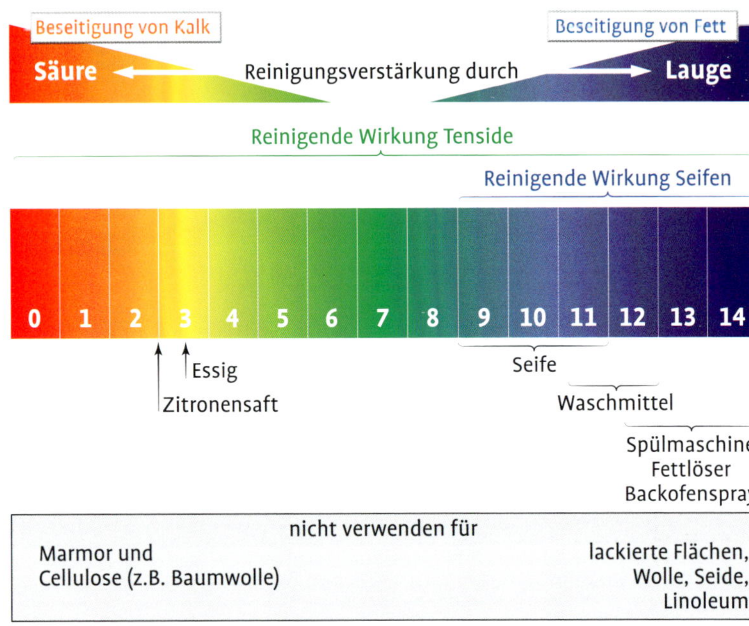

Generell kann man Verschmutzungen im Haushalt in vier Gruppen einteilen:

- Öl- bzw. fetthaltige Verschmutzungen, zum Beispiel Hautfett-, Creme- und Speiserückstände: Hier ist Seife wirkungsvoll eingesetzt.
- Wasserunlösliche Verschmutzungen, Tinte oder andere Farbstoffe: Hier kann Seife nur zusammen mit einem Lösungsmittel abhelfen.
- Mikrobiologische Verschmutzungen durch Bakterien und Hefepilze: Hier kann Seife zusammen mit heißem Wasser meist Abhilfe schaffen.
- Mineralische Verschmutzungen wie Kalk, Kalkseife und Urinstein. Kalk löst sich nur mit sauren Reinigern richtig auf. Da Seife im Sauren nicht existiert – sie geht darin gewissermaßen kaputt –, hat ein seifenhaltiger Reiniger hier keine Chance. Gegen Kalkseifen hilft Seifenspiritus; Kalkflecken kann man mit Scheuermitteln bekämpfen. Objektiv betrachtet geht es mit einem sauren Reiniger, zum Beispiel auf Essigbasis, leichter.

DESINFIZIEREN VON FLÄCHEN UND GEFÄSSEN

Vor hochprozentigem Alkohol will ich jedoch an dieser Stelle noch einmal warnen: Benutzen Sie diesen Alkohol, egal ob Spiritus, kosmetisches Basiswasser oder Reinigungsalkohol, nicht unverdünnt zum Abreiben oder Desinfizieren von Oberflächen, sondern verdünnen Sie ihn mit etwas Wasser (drei Teile Wasser, sieben Teile Alkohol). Unter ungünstigen Umständen kann sich der Alkohol nämlich durch die Reibung entzünden.

SICHER DESINFIZIEREN

Zum Desinfizieren von Oberflächen sollten Sie wegen der Brandgefahr durch Reibung keinen 96%igen Alkohol einsetzen. Die Wirkung von 70%igem Alkohol ist besser und die Brandgefahr durch elektrostatische Entladung und Reibung ist mit ihm wesentlich geringer.

Es ist schon sehr aufwendig, alles selbst herzustellen, aber wer den Bogen erstmal raus hat, kann auf größere Mengen umstellen und auf Vorrat produzieren. Selbst wenn Sie sagen, dass es vielleicht nichts für Sie ist, weil einfach die Zeit fehlt, bin ich mir sicher, irgendetwas wird bleiben.

Nicht jeder muss seine Wasch- und Reinigungsmittel selbst herstellen. Auch Baukastensysteme sparen Rohstoffe und Verpackung, zusammengesetzt aus Mitteln, die sich jeweils gezielt anwenden lassen, anstelle eines einzigen Mittels *für alles*, das also *für jeden* Fleck die entsprechenden Wirkstoffe enthält. Den Waschmittelbaukasten von „Hobbythek" beispielsweise gibt es schon länger. Die Firma Everdrop hat ebenfalls einen Baukasten entwickelt, der nahezu ohne Kunststoffverpackungen auskommt.

Auch für Leute, die beim Spülen Schaum brauchen, gibt es umweltschonende Alternativen, zum Beispiel von der Firma Sonett. Deren Tenside sind aus Kokosfett und Stärke bzw. Zucker aufgebaut und somit ebenfalls leicht abbaubar, aber sie reagieren nicht so empfindlich auf Wasserhärte und schäumen daher auch in hartem Wasser gut. Da es die meisten Produkte in Nachfüllpackungen gibt, kann man auch hier einen Großteil der Verpackung sparen. Es gibt bestimmt noch jede Menge Alternativen, die ich noch nicht kenne. Wenn jeder seinen Teil zum Verpackungsmullsparen und Wasserschonen beiträgt, kommen wir zukünftig besser zurecht! Denn sicher ist: So wie jetzt kann es einfach nicht weitergehen.

WASCHMITTEL

Hier möchte ich Ihnen einige Grundlagen der Wäschereinigung näherbringen und Nutzen und Grenzen der Wäschebehandlung auf Seifenbasis erklären.

WORAUS WERDEN WASCHMITTEL HERGESTELLT?

Um diese Frage zu beantworten, muss man auch hier zuerst schauen, welcher Schmutz in der Wäsche vorhanden ist, um zu entscheiden, womit er entfernt werden kann.

Schmutzstoffe, die üblicherweise in der Wäsche auftreten, sind Salze, Harnstoff, Fette und Öle, Eiweißstoffe, Kohlenhydrate, Farbstoffe und Pigmente (färbende Teilchen), zum Beispiel aus Nahrung und Kosmetik.

Waschmittel enthalten deshalb neben den Tensiden viele weitere Stoffe, die sich um die einzelnen Bestandteile „kümmern“, also um Kohlenhydrate, Eiweiße und Fette. Oft sind es Enzyme, aber auch Bleichmittel. So erspart ein Waschmittel meist die Vorbehandlung der Flecken, weil es einfach alles enthält, um sie alle zu entfernen, egal ob sie da sind und es benötigt wird oder nicht.

Ich will Ihnen hier zeigen, wie Sie durch Vorbehandlung und gezielte Auswahl des Reinigungsmittels Stoffe, die nicht gebraucht werden, weglassen können. Dieses Ziel können Sie erreichen, indem Sie Ihre Waschmittel selbst herstellen und auf ein Minimum reduzieren oder indem Sie Baukastensysteme verwenden.

SCHMUTZSTOFFE IN UNSERER WÄSCHE

Bestandteil	Herkunft	Mittel dagegen
Fette und Öle	Hautfett, Speisen, Kosmetika (Mineralöl)	Lipasen, Tenside
Salze und Harnstoff	Schweiß, Urin	Wasser, Tenside
Eiweiß	Blut, Ei, Kakao, Milch, Hautschuppen	Proteasen*
Kohlenhydrate	Stärke, Mehl	Amylasen, Mannasen*
	Zellulose, Baumwolle	Cellulasen*/**
Farbstoffe	Gras, Obst, Rotwein, Tee, Kaffee	Bleichmittel, Aufheller
Pigmente	Erde, Asche, Straßenstaub	Tenside, Enthärter

* Alle auf -ase endenden Mittel sind Enzyme

** Cellulasen wirken nicht gegen Schmutz, sondern gegen die Aufrauhung von Baumwollstoffen: Sie glätten die Fasern.

Die Tabelle enthält alle möglichen Verschmutzungen und die benötigten Waschmittelbestandteile. Zusätzlich werden noch Enthärter gebraucht, um die Wasserhärte zu reduzieren.

ENTHÄRTER UND ENTHÄRTERSYSTEME

Enthärter, sogenannte Buildersysteme, erleichtern die Ablösung von Pigmenten und verhindern Kalkseifenbildung. Dies sind einerseits Komplexbildner, auf die ich aus Umweltschutzgründen gerne verzichten möchte, dann Zeolithe und selbst hergestellte Komplexbildner auf Basis von Zitronensäure und Carbonaten wie Natron, Soda und Pottasche.

Oft findet man den Hinweis, Natron, Soda und Zitronensäure würden bleichen. Damit ist nicht das Bleichen der Stofffarben gemeint, sondern die Entfernung von gelblichen Verschmutzungen, beispielsweise am Kragen, bei der Reinigung.

BLEICHEN

In der Chemie versteht man unter Bleichen die Zerstörung von Farbstoffen durch chemische Mittel wie Percarbonate. Im landläufigen Sprachgebraucht wird jedoch die Entfernung von Verfärbungen durch Zitronensäure oder Natron auch als Bleichen verstanden. Dabei wird nur eine Verfärbung entfernt und nicht die Farbe der Kleidung selbst angegriffen. Trotzdem sollte man Fleckenvorbehandlungsmittel erst an einer verdeckten Stelle prüfen, da auch manche Farbstoffe auf die Mittel reagieren.

Prüfen, ob Textilien die Behandlung vertragen

Bevor Sie ein Vorbehandlungsmittel gegen Flecken einsetzen, prüfen Sie an einer unsichtbaren Stelle, ob es die Farben verändert. Achtung: Bei Jeans kann der Indigofarbstoff durch mechanische Einwirkung wie Reiben mit einer Bürste heller werden.

Rezept für 530 ml

500 ml Wasser

30 ml Spiritus

ZUR FLECKBEHANDLUNG: VORWASCHSPRAY

Mit dem Vorwaschspray werden Textilien auf die Behandlung mit den im Folgenden vorgestellten Reinigungsmitteln vorbereitet.

Herstellung

Geben Sie alles zusammen in eine Sprühflasche.

Rezept für 500 g GFM

280 g entmineralisiertes Wasser (28 % GFM)

NaOH für 5 % LU

500 g Kokosfett

GUT ZU WISSEN

Diese Seife können Sie auch zur Herstellung von festem Waschmittel verwenden.

VORWASCHSEIFE

Dieses Mittel ist für Kragenschmutz an weißen Textilien und Fettflecken in Buntem gedacht. Prüfen Sie bei Buntem unbedingt vorher an einer unsichtbaren Stelle der Bekleidung, ob sich die Farbe bei der Behandlung auch nicht verändert. Die Seife wird im Kaltverfahren hergestellt und wird am besten zusammen mit dem Vorwaschspray angewendet.

Herstellung

01 Herstellen der Lauge nach den Sicherheitsregeln; dann die Lauge auf Handwärme (ca. 34–36 °C) abkühlen lassen.

02 Kokosfett in einen Topf geben und anschmelzen lassen. Die restlichen Stücke können in der Nachwärme schmelzen; dabei sollte das Fett klar werden. Die Temperatur soll wie die der Lauge handwarm sein.

03 In der Abkühlzeit stellen Sie die Formen bereit, da dieses Rezept schnell anzieht.

04 Die Lauge durch ein Sieb zu dem Fett geben und mit dem Teigschaber rühren. Pürieren Sie nur kurz, da sich Lauge und Kokosfett gut verbinden, und rühren Sie mit dem Teigschaber weiter.

05 Sind Fett und Lauge so gut emulgiert, dass kein Fett mehr auf dem Seifenleim zu erkennen ist, nehmen Sie den Pürierstab aus dem Seifenleim, fahren einmal mit dem Teigschaber am inneren Topfrand entlang, um dort hängende Fettreste unterzurühren, und geben die Seife in die Form. Sie brauchen die Seife nicht zu isolieren oder abzudecken.

06 Die fertige Seife kann nach 24 Stunden oder wenn sie sich vom Rand löst, ausgeformt werden.

Reifezeit: mindestens 2 Wochen; dann den pH-Wert mit Universal-Indikatorpapier prüfen

Anwendung

Benetzen Sie den Fleck mit dem Vorwaschspray, bis das Material davon durchdrungen ist, und fahren dann mit dem Seifenstück darüber. Lassen Sie die Vorwaschseife 15 Minuten einwirken.

Gallseife

FESTE GALLSEIFE

Gallseife ist noch intensiver in der Reinigung als die Vorwaschseife. Sie dient zur Entfernung von Flecken aus Textilien wie Schweißrändern und Kragenschmutz, aber auch von Blut-, Obst- und Fettflecken.

Das Rezept ist angelehnt an eine Gallseife aus dem Handbuch der Seifenfabrikation von Walther Schrauth und C. Deite aus dem Jahr 1921, Seite 667. Dort werden Rosmarin und Spikeöl oder Rosmarin und Lavendel als Duft empfohlen.

Rezept für 200 g GFM

- 50 g entmineralisiertes Wasser (25 % GFM)
- NaOH für 4 % LU
- 180 g Kokosfett (90 % der GFM)
- 20 g Rizinusöl (10 % der GFM)
- 16 g Ochsengalle (8 % der GFM)
- 10 g Terpentin (5 % der GFM)
- 2 g ätherisches Orangen- oder Blutorangenöl (1 % der GFM)

GUT ZU WISSEN

Öle und Lauge sollten hier kühl verarbeitet werden, da die Mischung durch die Galle und das Terpentin schnell andickt.

Herstellung

01 Die Lauge nach den Sicherheitsregeln herstellen und anschließend auf ca. 30 °C abkühlen lassen.
02 Kokosfett abwiegen, nur teilweise schmelzen lassen und zum Fertigschmelzen auf die Seite setzen. Rizinusöl dazugeben.
03 Die Lauge durch ein Sieb zu den Ölen geben und nur kurz mit dem Pürierstab emulgieren; dann den Teigschaber verwenden.
04 Galle, Terpentin und ätherisches Öl abwiegen, auf einmal dazugeben, schnell und gründlich mit dem Teigschaber unterrühren.
05 Dann die Mischung zügig in die Form füllen.

Reifezeit: mindestens 2 Wochen; dann den pH-Wert mit Universal-Indikatorpapier prüfen

Anwendung

Je frischer die Verschmutzung ist, desto leichter lässt sie sich entfernen. Blutflecken sollte man mit kaltem Wasser auswaschen. Sonst feuchtet man die Flecken mit etwas Wasser oder besser dem Vorwaschspray (Seite 76) an und reibt sie mit der Seife ein. Der Stoff sollte dabei gut nass sein. Achten Sie dabei darauf, dass er nicht übereinander liegt, damit sich Flecken nicht auf andere Stellen übertragen. Jetzt lassen Sie die Seife 10–15 Minuten einwirken. Danach kann das Kleidungsstück gewaschen werden. Eine Zeitvorwahl an der Waschmaschine leistet hierbei eine gute Hilfe.

FLÜSSIGE GALLSEIFE

Rezept für etwa 45 ml

- 10 g kosmetisches Basiswasser
- 15 g Seifenpaste (Seite 61)
- 10 g Glycerin, 85%ig
- 6 g Ochsengalle
- 2 g Terpentin
- 1 g ätherisches Orangenöl, süß

Ob flüssig oder fest: Das macht bei der Gallseife, was Wirkung und Anwendungsbereiche anbelangt, keinen Unterschied. Es ist schlicht die Frage, womit man lieber arbeitet.

TIPP

Ochsengalle und Terpentin gibt es im Künstlerbedarf als Malhilfsmittel zu kaufen. Haben Sie kein Terpentin zur Hand, verdoppeln Sie die Menge an ätherischem Orangenöl.

Herstellung

01 Lösen Sie die Seifenpaste im kosmetischen Basiswasser (oder einem anderen hochprozentigen Alkohol) auf.

02 Danach geben Sie Glycerin, Ochsengalle, Terpentin und Orangenöl hinzu.

03 Füllen Sie alles in eine dicht schließende Flasche oder eine Flasche mit Bürstenkopf.

Anwendung

Geben Sie etwas flüssige Gallseife auf den Fleck und massieren sie mit einem Bürstchen ein. Lassen Sie die Seife 15–20 Minuten einwirken und waschen das Textil dann ganz normal mit der restlichen Wäsche.

GUT ZU WISSEN

Bei empfindlichen Materialien oder Farben sollten Sie die Beständigkeit an einer nicht sichtbaren Stelle prüfen.

Rezept (vegan) für etwa 310 g

- 100 g Seife, zum Beispiel Vorwaschseife (Seite 76)
- 60 g Natron
- 100 g Soda
- 50 g Zitronensäure
- Optional: 3 g Zeolith A

FESTES WASCHMITTEL

Für die Herstellung eines Vollwaschmittels, das sich ebenso für Feines verwenden lässt, eignen sich verschiedene Seifenrezepte. Sie können zum Beispiel eine reine Kokosseife verwenden, die sehr hart wird und sich gut reiben lässt.

Da empfohlen wird, Seifen mit einem gewissen Stearinanteil zu benutzen, habe ich neben der reinen Kokosseife auch Seifen aus 50 % Kokos und 50 % Rindertalg, Schweineschmalz oder Olivenöl mit Rapswachs (als vegane Variante) getestet (siehe dazu unter „Varianten“, Seite 49).

Herstellung

Die abgelagerte, mindestens zwei Wochen alte Seife fein reiben und mindestens einen Tag nachtrocknen lassen; dann mit den übrigen Zutaten gut mischen.

TIPPS

Bewahren Sie das Waschmittel unbedingt trocken auf, da sonst die Reaktion zwischen der Zitronensäure und Natron oder Soda schon beginnt.
Auf Duft im Waschmittel sollte man verzichten, da das Produkt sonst klumpt.
Als Weichspüler kann man 20–30 ml Essigessenz (25 %) ins Weichspülerfach geben. Essigessenz wird wie der Weichspüler mit Wasser in die Maschine gespült und verdünnt, bevor er zur Wäsche kommt. Er sorgt dafür, dass sich in der Wäsche und in der Maschine keine Kalk- und Kalkseifenablagerungen bilden. Keine Sorge, wenn die Wäsche nach dem Waschen leicht nach Essig riecht: Der Geruch verschwindet beim Trocknen.

Varianten

Statt einer reinen Kokosseife können Sie auch eine Seife aus Kokosfett und Rindertalg zu je 50 % herstellen. Diese Seife wird sehr hart und lässt sich ebenfalls gut reiben.

Seife aus Kokosfett und Schweineschmalz (50 : 50) geht ebenfalls, aber sie ist weicher und muss nach dem Reiben länger trocknen.

Auch die Seife aus der Heißverseifung (Seite 50) kann zu Waschmittel weiterverarbeitet werden.

Prinzipiell können Sie auch einen Teil der geriebenen Seife durch Seifenreste ersetzen, die bei der Herstellung Ihrer Duschseife angefallen sind. Nehmen Sie aber besser keine stark gefärbten Seifenreste, oder benutzen Sie diese nur für dunkle Wäsche.

Anwendung

Nehmen Sie 2 EL, also rund 30 g Waschmittel, für eine Vollwäsche, aber nur 1,5 EL für eine Feinwäsche. Da das Waschmittel keine Bleichmittel enthält, kann es auch für farbige Wäsche verwendet werden.

Das ist aber auch gleichzeitig das Manko. Weiße Wäsche vergraut mit der Zeit. Hier empfiehlt es sich, entweder 1 EL Soda zusätzlich oder Wäschebleiche zu benutzen.

Wäscheduft

Wer duftende Wäsche haben will, kann fünf Tropfen ätherisches Öl oder Waschmittelparfüm auf das Waschmittel im Einspülfach geben.

Alternativ zur Essigessenz als Weichspüler (siehe Tipps) kann, wenn man den Geruch nicht mag, auch eine Zitronensäurelösung verwendet werden. Dazu lösen Sie 100 g Zitronensäure in 1 l Wasser. Statt den Duft zum Waschmittel zu geben, kann man auch diesen Weichspüler beduften. Nehmen Sie 3–4 g ätherisches Öl oder Wäscheparfüm und 6 g Lösungsvermittler LV 41 (damit sich der Duft gleichmäßig verteilt, statt auf dem Wasser zu schwimmen; bitte trotzdem vor Gebrauch schütteln).

Falls Sie einen Wäschetrockner benutzen, können Sie auch einige Tropfen Duft auf ein trockenes, sauberes Tuch geben. Legen Sie dieses mit der Wäsche zusammen in den Trockner. Da der Duft nicht ausgespült wird, ist das die ergiebigste Methode. Sie können das Tuch mehrfach benutzen, bis der Duft zu schwach geworden ist.

BEI STARKER VERSCHMUTZUNG

Bei sehr starker Verschmutzung stellen Sie an Ihrer Waschmaschine Vorwäsche ein und geben 1 EL in die entsprechende Einspülkammer; und in die Kammer für die Hauptwäsche geben Sie zusätzlich 1 EL Soda.

Geriebene Seife mit Schmalz

FLÜSSIGWASCHMITTEL

Viele verwenden lieber flüssiges Waschmittel als festes. Es kann auch als Vorwäsche direkt auf einen Fleck gegeben werden. Durch den Alkoholgehalt muss dieses Flüssigwaschmittel nicht weiter konserviert werden.

Rezept für etwa 500 ml

- 100 g Seifenpaste (Seite 61)
- 50 g kosmetisches Basiswasser

Entkalkerlösung

- 125 g entmineralisiertes Wasser
- 50 g Zitronensäure
- 125 g entmineralisiertes Wasser
- 80 g Pottasche

GUT ZU WISSEN

Statt aus Zitronensäure und entmineralisiertem Wasser eine Lösung herzustellen, können Sie auch fertiges Kaliumcitrat (E 332, Kaiumcitrat tertiär Monohydrat) kaufen und davon 77 g in 275 g entmineralisiertem Wasser auflösen; geben Sie in diesem Fall zusätzlich 47 g Pottasche hinzu.

Herstellung

01 Wiegen Sie die Seifenpaste in kleineren Flocken ab und lösen Sie diese in kosmetischem Basiswasser auf. Das kann einige Stunden dauern. Ich mache das meist abends und lasse es über Nacht in einem geschlossenen Gefäß stehen.

02 In einem Gefäß lösen Sie die Zitronensäure unter Rühren in 125 g entmineralisiertem Wasser.

03 In einem anderen Gefäß lösen Sie die Pottasche in 125 g entmineralisiertem Wasser.

04 Gießen Sie anschließend die Zitronensäurelösung in die Vorratsflasche für ihr Waschmittel und geben Sie portionsweise die Pottaschelösung hinzu. Achtung: Es schäumt stark auf. Geben Sie die nächste Portion erst hinzu, wenn die vorherige nicht mehr so stark schäumt. Arbeiten Sie an einem gut gelüfteten Platz, da Kohlenstoffdioxid entsteht.

05 Wenn die Lösung aufgehört hat zu sprudeln, geben Sie die aufgelösten Seifenpaste hinzu und schütteln die Mischung gut.

Anwendung

Für einen Waschgang benötigen Sie 50 ml des Flüssigwaschmittels. Vor jedem Gebrauch sollten Sie es noch einmal gut schütteln. Falls es auch nach einigen Tagen noch trüb ist, geben Sie eine kleine Menge kosmetisches Basiswasser hinzu.

DUFTTIPP

Eine Mischung aus Seife und Alkohol riecht meist leicht süßlich-fruchtig. Wenn Sie diesen Geruch nicht mögen, können Sie Ihr Waschmittel beduften. Ich bevorzuge eine Mischung aus Lemongras und Lavendel. Benutzen Sie aber nicht mehr als 5 g – also knapp 1 % der Mischung.

REINIGUNG DER WASCHMASCHINE

An Stellen in der Waschmaschine, die nicht von der Wäsche „blankgeputzt“ werden, setzen sich gerne Kalk, Kalkseifen und Schmutzreste ab. Diese bilden einen guten Nährboden für Bakterien. Damit die Waschmaschine nicht verkeimt und schlecht zu riechen beginnt, sollte man in regelmäßigen Abständen eine 90 °C-Wäsche laufen lassen oder ein 60 °C-Programm ohne Wäsche mit 2 EL Soda durchführen. Dadurch werden die Bakterien dezimiert und schlechte Gerüche beseitigt. Eine solche Maßnahme kann auch nötig sein, wenn Wäsche einmal in der Maschine vergessen wurde und schlecht zu riechen begonnen hat.

WO SEIFENWÄSCHE NICHT ANGEBRACHT IST

Behandelt man Wolle oder Seidenfasern bei einem höheren pH-Wert – alle Waschmittel auf Seifenbasis haben einen solchen, sind also alkalisch –, so neigen sie zum Quellen und Verfilzen. Damit Ihre Wollbekleidung und Kleidung aus Seide möglichst lange schön bleibt, rate ich daher von der Wäsche mit Seife, Soda und Pottasche ab. Hierfür gibt es andere Tenside mit einem neutralen pH-Wert, die auch leicht biologisch abbaubar sind und die Fasern schonen.

REINIGUNGSMITTEL FÜR DIE KÜCHE

Käufliche Spülmittel und Reinigungssprays sind fast durchweg Konzentrate – da passiert es schnell, dass man zu viel benutzt. Seifen aber entfetten meist nicht vollständig. Ihr Vorteil liegt darin, dass Sie auf allergieauslösende Konservierungsstoffe verzichten (Näheres auf Seite 109 ff) und selbst über Duft- und Farbstoffe entscheiden können.

Damit die Seife auch in härterem Wasser reinigt, wird als Enthärter Zitronensäure verwendet (Näheres auf Seite 104).

FESTES SPÜLMITTEL

So ein Seifenklötzchen kommt ohne viel Wasser und eine Plastikflasche aus. Man kann ein Seifenstück herstellen, von dem man bei Bedarf einige Späne abschneidet, die man dann fein reibt, oder man gießt die Seife in eine Schale, aus der man dann die benötigte Menge mit einer Spülbürste oder einem Spüllappen nimmt. Diese Seife eignet sich auch prima für Ihr Campinggeschirr und zum Wäschewaschen im Urlaub. Der Trick bei der Herstellung ist die Mischverseifung. Das bedeutet, wir verwenden NaOH *und* KOH im Verhältnis 50 : 50. Durch die Mischverseifung wird die Seife nicht ganz so hart wie mit reinem NaOH: Mit der Spülbürste lässt sich somit mehr abnehmen und aufschäumen.

Rezept für 200 g GFM

- 56 g entmineralisiertes Wasser (28 % GFM)
- 10 g Zitronensäure
- 5,71 g NaOH zur Neutralisation der Zitronensäure
- Weiteres NaOH für 1 % LU
- KOH für 1 % LU
- 180 g Kokosfett (90 % der GFM)
- 20 g Rizinusöl (10 % der GFM)
- Duft: 8 g ätherische Öle (Orange oder Lemongras oder eine 1:1-Mischung aus Lemongras und Lavendel)

Herstellung

Berechnen Sie die beiden Laugen für 200 g GFM mit 1 % LU, indem Sie 90 g Kokosfett und 10 g Rizinusöl in einen Seifenrechner eingeben und sich dafür die NaOH-Menge anzeigen lassen; danach stellen Sie den Rechner auf KOH um und lassen die KOH-Menge für die gleiche Fettmenge berechnen.

GUT ZU WISSEN

Der Laugenunterschuss ist mit 1 % für eine bessere Reinigung knapp gewählt. Arbeiten Sie am besten mit einer Feinwaage und wiegen Sie sorgfältig. Ähnlich gut hat mir die Seife mit 80 % Kokosfett und je 10 % Rizinusöl und Kakaobutter gefallen. Im Seifenrechner müssen dann diese Werte eingegeben werden, der Rest bleibt gleich.

01 Lösen Sie die Zitronensäure im Wasser.

GUT ZU WISSEN

Um 1 g Zitronensäure zu neutralisieren, benötigen Sie 0,571 g NaOH.

02 Geben Sie zur Neutralisation unter Einhaltung der Sicherheitsmaßnahmen das NaOH in zwei Portionen dazu. Achtung: Die Lösung erhitzt sich dabei stark. Lassen Sie sie etwas abkühlen, bevor Sie weiteres NaOH und KOH darin lösen.

03 Wiegen Sie NaOH und KOH ab (Angaben wie zuvor berechnet). Wenn die Zitronensäurelösung auf Handwärme abgekühlt ist, stellen Sie die Lauge her. NaOH und KOH können Sie gemeinsam in der Laugenflüssigkeit lösen. Die beiden Laugen reagieren nicht miteinander.

04 Schmelzen Sie das Kokosfett und geben Sie das Rizinusöl dazu. Wenn Lauge und Fette auf eine Temperatur unter 40 °C abgekühlt sind, geben Sie die Lauge durch ein Sieb zu den Fetten und pürieren die Mischung kurz.

05 Geben Sie den Duft dazu und rühren Sie ihn mit dem Spatel gut unter. Jetzt wird der Seifenleim entweder in eine Silikonform oder in eine Schale gegossen. Sie brauchen die Formen nicht zu isolieren, da die Seife von allein gut aufheizt und zügig verseift.

GUT ZU WISSEN

Wollen Sie die Seife in handlichere Stücke schneiden, so tun Sie das bald, da die Seife sehr hart wird und sich dann nicht mehr so leicht schneiden lässt.

Reifezeit: ca. 4 Wochen; wenn Sie mit Handschuhen spülen, weniger

Anwendung

Etwas heißes Wasser ins Spülbecken einlassen und Geschirr und Spülbürste kurz ins Wasser tauchen. Dann mit der Büste über die Seife fahren – auf diese Weise nehmen Sie etwas davon auf. Dann das Geschirrteil über dem Wasser reinigen, zum Abspülen eintauchen und anschließend zum Trocknen hinstellen. Mit dem Schaum auf der Bürste kann dann direkt das nächste Geschirrteil gereinigt werden. Alternativ benutzt man ein Spültuch.

FLÜSSIGES SPÜLMITTEL

Damit Sie das flüssige Spülmittel auch in härterem Wasser gewinnbringend einsetzen können, müssen Sie zunächst eine Enthärterlösung herstellen, die Sie dann untermischen. Da ihre Herstellung etwas dauert, kann man gleich mehr machen, damit man auch fürs nächste Mal noch etwas hat. Die Lösung hält kühl gelagert und fest verschlossen mehrere Monate.

Rezept für 100 g Wasserenthärter

- 22,9 g Zitronensäure
- 54,5 g entmineralisiertes Wasser
- 22,6 g Pottasche

Herstellung der Enthärterlösung

01 Wiegen Sie die einzelnen Mengen ab – falls Sie noch keine Feinwaage besitzen, runden Sie die Zahlen auf.

02 Lösen Sie die Zitronensäure im Wasser in einem hohen Gefäß auf und geben die Pottasche langsam und unter Rühren hinzu. Es schäumt sehr stark.

03 Sobald Sie die ganze Pottasche zugegeben haben und die Reaktion abgeklungen ist, können Sie die Enthärterlösung in eine Vorratsflasche füllen.

GUT ZU WISSEN

Sie können die Lösung, um die Spritzgefahr beim Schäumen zu minimieren, mit Frischhaltefolie oder einem Unterteller abdecken.

Rezept für etwa 125 g Spülmittel

- 50 g Wasserenthärter
- 75 g Flüssigseife I oder II (Seiten 54 und 58) oder 50 g Gelseife (Seite 63)
- Duft: 4 g ätherische Öle, zum Beispiel eine Mischung aus Lemongras und Lavendel

Herstellung des Spülmittels

01 Mischen Sie die Flüssig- oder Gelseife mit 50 g Enthärterlösung und den ätherischen Ölen direkt in einer Spülmittelflasche.

02 Schwenken Sie die Flasche leicht, damit sich beides mischt. Zu heftiges Schütteln erzeugt Schaum, der aber später wieder weggeht.

03 Sollte sich das Spülmittel nach einigen Stunden wieder trennen, können Sie 10 g kosmetisches Basiswasser zugeben.

Anwendung

Spülen Sie unbedingt mit klarem Wasser nach.

FETTLÖSER-/BACKOFENSPRAY

Dieses Spray ist für eingebrannte Stellen im Backofen oder Fettflecken auf Fliesen geeignet. Die Reinigungswirkung hängt mit dem hohen pH-Wert der Pottasche zusammen. In Backofenreinigern wird dafür Natronlauge (pH 14) verwendet. Hier haben wir einen pH-Wert von etwa 12. Bitte tragen Sie unbedingt Handschuhe bei der Verwendung und ich rate auch dringend zu einer Schutzbrille!

Rezept für 100 g

- 72,4 g entmineralisiertes Wasser
- 9,8 g Pottasche
- 3,3 g Zitronensäure
- 12,5 g Flüssigseife I oder II (Seiten 54 und 58)
- Duft: 2 g ätherisches Orangenöl

Herstellung

01 Lösen Sie die Zitronensäure im Wasser.

02 Geben Sie dann die Pottasche in kleinen Portionen hinzu.

03 Zuletzt, damit es nicht zu sehr schäumt, kommen die Flüssigseife und das ätherische Orangenöl hinzu.

GUT ZU WISSEN

Das Putzspray dient der Fettentfernung, besonders wenn es schon etwas eingebrannt ist. Dafür hat es – durch die Pottasche – einen höheren pH-Wert. Heben Sie es, wie alle Putz- und Reinigungsmittel, außerhalb der Reichweite von Kindern auf. Tragen Sie am besten bei der Verwendung Handschuhe und eine Schutzbrille. Das Spray trocknet die Haut aus und ist ätzend in den Augen.

Anwendung

Sprühen Sie die zu reinigende Oberfläche mit dem Spray ein. Lassen Sie es mindestens eine halbe Stunde bis zwei Stunden einwirken und waschen mit warmem Wasser gut nach.

PUTZPASTE

Diese Paste ist bestens geeignet, um die Spüle wieder auf Hochglanz zu polieren, Teeflecken zu entfernen oder eingetrocknete Essensreste wegzuputzen – ich benutze sie aber auch als Handwaschpaste nach der Gartenarbeit oder zum Polieren von Silberbesteck und -schmuck. Am besten funktioniert sie mit einer reinen Olivenölseifenpaste mit 33 % Wasser. Sie nimmt das Glycerin besser auf als eine Seifenpaste mit einem Anteil an Kokosfett.

Rezept für etwa 100 ml

- 40 g Seifenpaste (Seite 61)
- 20 g Schlämmkreide
- 10 g Glycerin
- 2 g ätherisches Öl (Orange oder Blutorange, Kiefernnadelöl, Zirbenöl)

Herstellung

01 Die Seife in ein Gefäß geben und die Schlämmkreide vorsichtig unterkneten.

02 Dann das Glycerin in kleinen Portionen unterrühren.

03 Am Ende den Duft dazugeben und auch einarbeiten. Dann alles in eine Glasschale geben.

Putzpaste

GUT ZU WISSEN

Ein Deckel für die Schale ist nicht nötig. Glycerin sorgt als Feuchthaltemittel dafür, dass die Paste nicht eintrocknet. Sie behält so ihre Konsistenz über Monate und trocknet nicht aus.

Anwendung

Machen Sie einen Spülschwamm nass und nehmen damit etwas Putzpaste auf. Mit ihm können Sie jetzt reinigen. Anschließend mit klarem Wasser nachspülen.

TIPP

Die Putzpaste eignet sich auch zum Reinigen angelaufener Silbergegenstände. Dafür funktioniert aber auch etwas anderes prima: Eine Aluminiumfolie in ein Gefäß legen, die Gegenstände darauflegen, einen Teelöffel Kochsalz dazugeben und schließlich Wasser darübergießen, bis alles bedeckt ist. Nach einigen Stunden können Sie das Silber entnehmen und abspülen. Die Aluminiumfolie wird Löcher haben, da sie sich dabei auflöst, und unter Umständen riecht es nach Schwefelwasserstoff (also wie faule Eier) – das ist der Stoff, mit dem das Silber reagiert hat.

FLÜSSIGSEIFE ZUM WASCHEN VON OBST UND GEMÜSE

Zur Reinigung von Obst und Gemüse können Sie Spülmittel ohne Duft oder eine duftfreie Flüssigseife verwenden.

FENSTERREINIGUNGSMITTEL

Nicht nur in der Küche und bei der Wäsche kann man Seifen zur Reinigung einsetzen, auch in anderen Bereichen tun sie einen guten Dienst. Lediglich mit Kalkablagerungen kommen sie nicht zurecht – dafür sind saure Reiniger nötig.

FENSTERSEIFE/SEIFENSPIRITUS

Das hier verwendete Rezept nennt sich auch Seifenspiritus: Man löst die Schmierseife oder Seifenpaste in Alkohol, kosmetischem Basiswasser oder Spiritus auf. Darin ist die Seifenpaste viel besser zu lösen als in heißem Wasser und der Alkohol verstärkt den Reinigungseffekt. Achtung: Die Hände trocknen bei der Reinigung recht stark aus, besonders durch den konzentrierten Spiritus. Mit ausreichend Wasser verdünnt, wirkt er nicht mehr so austrocknend. Bei empfindlicher Haut tragen Sie besser Handschuhe.

Rezept für 80 g

- 20 g Seifenpaste (Seite 61)
- 60 g Spiritus oder kosmetisches Basiswasser

Herstellung

Lösen Sie die Seifenpaste im Spiritus auf und füllen ihn in eine dicht schließende Flasche.

Anwendung

Zur Vorreinigung des Fensterglases und der Rahmen reichen 15–20 ml des Seifenspiritus auf 5 l Wasser aus.
Für das Glas nehme ich anschließend einige Tropfen auf dem gut angefeuchteten Mikrofaserbezug eines Fensterwischers. Nach dem Abziehen sind die Fenster streifenfrei sauber.

ZUR FLECKVORBEHANDLUNG

Der Seifenspiritus kann auch zur Fleckvorbehandlung, zum Beispiel von Fettflecken, benutzt werden. Auch die tägliche Reinigung des Waschbeckens von Seifenresten kann mit Seifenspiritus erfolgen. Geben Sie dazu den Spiritus auf einen angefeuchteten Schwamm.

MITTEL ZUR BODENREINIGUNG UND -PFLEGE

Vor allem Holzböden bedürfen einer besonderen Pflege. Die hier vorgestellten Rezepte eigenen sich aber auch hervorragend für die Reinigung und Pflege von Holzmöbeln.

SEIFE FÜR HARTE BÖDEN

In der Literatur wird eine Gelseife mit 90 % Oliven- oder Rapsöl empfohlen, da Seife mit viel Kokosfett bzw. vielen gesättigten Fettsäuren einen Film auf harten Böden hinterlässt.
Sowohl Gelseife (90 % Olivenöl und 10 % Kokosfett) als auch Seifenpaste auf Rapsölbasis (70 % Rapsöl, 25 % Kokosfett, 5 % Rizinusöl) eignen sich zum Wischen harter Böden. Die Herstellung erfolgt analog zur Seifenpaste (Seite 61).

Anwendung

Auf 5 l Wasser nimmt man 25–40 g Gelseife oder Seifenpaste. Gelseife löst sich besser als Seifenpaste. Die Seifenpaste kann deshalb in etwas Alkohol vorverdünnt werden.
Bei hochglänzenden Böden empfiehlt es sich, mit klarem Wasser nachzuwischen.

GUT ZU WISSEN

Benutzen Sie für die Reinigung oder Pflege von Holzböden oder -möbeln keine Mikrofasertücher. Diese nehmen bei der Reinigung die oberste Schutzschicht mit weg.

LEINÖLSEIFE FÜR HOLZMÖBEL UND -BÖDEN

Das beste Öl für Holzmöbel und -böden ist Leinöl, das ein trocknendes Öl ist. Das bedeutet, dass es mit dem Sauerstoff aus der Luft verharzt und einen schützenden Film bildet. Leinöl ist daher in vielen Bodenseifen enthalten, auch in der, die ich hier vorstelle.

Rezept für 100 g GFM

- 90 g Leinöl (90 % der GFM)
- 10 g Kokosfett (10 % der GFM)
- 34 g Glycerin
- 21,2 g KOH, 90%ig, LU 3 %
- 27,8 g entmineralisiertes Wasser
- 124 g entmineralisiertes Wasser
- 22,7 g Pottasche
- 8,5 g Zitronensäure

Herstellung

01 Wiegen Sie Ihr Verseifungsgefäß und notieren sein Gewicht.
02 Mischen Sie die Öle und erwärmen sie auf etwa 80 °C.
03 In einem weiteren Gefäß mischen Sie Glycerin und die 27,8 g Wasser und lösen in dieser Mischung unter Beachtung der Sicherheitsregeln das KOH.
04 Geben Sie die Lauge zu den Fetten und pürieren Sie die Mischung für ca. eine Minute. Dann lassen Sie die Seife für fünf bis zehn Minuten stehen.
05 In der Wartezeit die Zitronensäure in den 124 g Verdünnungswasser lösen und langsam und unter Rühren die Pottasche dazugeben. Die Mischung muss erwärmt werden, entweder in der Mikrowelle oder Sie stellen ein Gefäß zur Seife ins Wasserbad.
06 Sobald das Verdünnungswasser warm ist, pürieren Sie die Fett-Laugen-Mischung ein zweites Mal. Dickt die Seife an, geben Sie das Verdünnungswasser hinzu und arbeiten es ein.

07 Verschließen Sie nun Ihr Gefäß mit Folie und warten die Verseifung ab. Ab und an können Sie mit einem Teigschaber rühren. Lassen Sie die Seife in der Wärme zwei Stunden fertig verseifen, auch wenn sie vorher schon klar wurde.

08 Ergänzen Sie verdunstetes Wasser auf ein Gesamtgewicht von 340 g Leinölseife und füllen die Seife in ein verschließbares Gefäß um.

Reifezeit: 2 Wochen

REINIGER FÜR HOLZBÖDEN

Allgemein gilt hier: Nehmen Sie lieber weniger Wasser und wechseln dieses einmal zwischendurch gegen frisches aus. Die Seife schäumt leicht.

Rezept für etwa 520 g

- 340 g Leinölseife (Seite 97)
- 170 g kosmetisches Basiswasser
- Optional: 5–10 g ätherisches Orangenöl, süß

Herstellung

01 Lösen Sie die Leinölseife im kosmetischen Basiswasser.

02 Da die Leinölseife einen starken Eigengeruch hat, können Sie anschließend ätherisches Orangenöl, süß, dazugeben (1–2 % der produzierten Menge).

Anwendung

Nehmen Sie, je nach Wasserhärte und Verschmutzung, 25–50 ml auf 5 l Wasser.

PFLEGEREINIGER FÜR HOLZBÖDEN

Diese Holzbodenseife schäumt durch das hinzugefügte Öl nicht. Sie reinigt aber und hinterlässt auf dem Untergrund etwas Leinöl. Für noch mehr Pflege kann der Ölanteil verdoppelt werden.

Rezept für etwa 110 g

- 20 g Leinölseife (Seite 97)
- 20 g kosmetisches Basiswasser
- 60 g Leinölseife
- 4 g Leinöl
- 5 g ätherisches Orangenöl, süß

Herstellung

01 Lösen Sie die erste Portion Leinölseife unter Rühren im kosmetischen Basiswasser auf. Danach löst sich die größere Portion besser, die Sie nun hinzugeben.

02 Dann können Sie alles in eine gut verschließbare Flasche füllen und dort das Leinöl und das ätherische Orangenöl dazugeben.

03 Die Flasche gut schütteln.

Anwendung

Nehmen Sie 70–100 ml auf 5 l Wasser. Vor Gebrauch unbedingt schütteln.

Holz-
boden
Leinöl-
seife

ROHSTOFFE

FÜR WASCH- UND REINIGUNGSMITTEL

Um aus einer Grundseife ein Wasch- oder Reinigungsmittel herzustellen, brauchen Sie verschiedene weitere Rohstoffe. Sie werden im Folgenden vorgestellt – und Sie erfahren, worin die Stoffe aufgrund ihrer Eigenschaften noch verarbeitet werden.

ZUSATZSTOFFE

NATRON (NATRIUMHYDROGENCARBONAT)

WEITERE NAMEN VON NATRON

Natron findet sich auch unter den Bezeichnungen Speisenatron, Backnatron, Baking soda, doppeltkohlensaures Natron, Natriumbicarbonat, Natriumhydrogencarbonat. Natron sollte nicht mit Soda verwechselt werden.

Natron ist unter vielen Namen bekannt, unter anderem als Speisenatron, Kaisernatron (Markenname), doppeltkohlensaures Natron und Backsoda, wobei man es nicht mit Waschsoda (siehe Soda) verwechseln darf. In der Chemie wird es unter der alten Bezeichnung Natriumbicarbonat und als Natriumhydrogencarbonat ($NaHCO_3$), einem Salz der Kohlensäure, geführt.

Natron ist ein weißer, feinkristalliner Feststoff, der sich nur mäßig gut in Wasser löst (96 g/l). Bei Zugabe von Säure löst sich Natron unter Bildung von Kohlenstoffdioxid auf und sprudelt. Diesen Effekt nutzen Brausetabletten, Brausepulver, Backpulver und Badebomben.

Auch bei Erwärmung auf über 50 °C und unter Kohlendioxidabgabe zersetzt sich Natron und es bildet sich Natriumcarbonat (Soda).

GUT ZU WISSEN

Bei Erwärmen auf über 50 °C und unter Kohlendioxidabgabe verwandelt sich Natron sprudelnd in Soda.

Verwendet wird Natron, um Säuren zu neutralisieren oder den pH-Wert auf leicht alkalisch zu bringen. Eine Lösung von Natron in Wasser hat einen pH-Wert von 8–9. Den gleichen Effekt nutzt man bei Sodbrennen. Hier neutralisiert Natron einen Teil der Magensäure. Es bindet zudem Gerüche und kann als leichtes abrasives Mittel die Zähne polieren. Dafür wird es auch in Zahncremes und Zahnpulvern verwendet.

Zusammen mit Zitronensäure bildet sich unter Schäumen Natriumcitrat, welches für die Wasserenthärtung, unter anderem in Waschmittel, verwendet wird (siehe Seite 104).

SODA (NATRIUMCARBONAT)

GUT ZU WISSEN

Sodalösung, also Soda in Wasser, hat einen pH-Wert von 11–12. Es ist ätzend und trocknet die Haut stark aus. Tragen Sie bei der Verarbeitung ebenso wie bei der Arbeit mit Natrium- bzw. Kaliumhydroxid Schutzbrille und Handschuhe.

Soda ist ein weiteres Natriumsalz der Kohlensäure. Es heißt auch Natriumcarbonat (Na_2CO_3) oder calcinierte Soda. Im Handel ist Soda auch als „Reine Soda“ oder Waschsoda erhältlich. Auch Soda ist ein weißes, feines Pulver, und es lässt sich recht gut in Wasser lösen.

Da eine gesättigte Lösung von Soda in Wasser (ca. 220 g/l) einen hohen pH-Wert von etwa 12 hat, ist beim Umgang mit Soda Vorsicht erforderlich. Am besten benutzen Sie eine Schutzbrille, da eine Sodalösung oder der Staub des Pulvers Haut und besonders die Augen schädigen kann.

Soda wird als Wasserenthärter für Waschmittel benutzt. Calcium- und Magnesiumionen reagieren mit dem Carbonat-Ion aus dem Soda und werden zu schwer löslichem Salz. Dieses ist nicht mehr wasserlöslich und wird als ganz feines Pulver mit dem Waschwasser aus der Wäsche ausgespült. Damit können Calcium und Magnesium nicht mehr mit der Seife schmierige Kalkseifen bilden, die die Wirkung der Seife beeinträchtigen und in Wäsche und Maschine kleben bleiben würden. Darüber hinaus verstärkt Soda die Reinigungswirkung, weshalb es in Vollwaschmitteln in einem Anteil von bis zu 20 % und in Colorwaschmitteln mit bis zu 30 % eingesetzt wird. Aber Achtung: Naturfasern wie Wolle und Seide quellen durch Soda auf. Sie sollten nicht alkalisch behandelt werden.

Das Decahydrat des Sodas ist als Kristallsoda bekannt. Als Hydrat bezeichnet man ein Salz, das Wasser in seinem Kristallgitter speichert, „deca" bedeutet „Zehn": Auf ein Sodamolekül kommen zehn Moleküle Wasser. Soll in eine Rezeptur möglichst kein Wasser gelangen, darf man keine Kristallsoda verwenden.

POTTASCHE (KALIUMCARBONAT)

Früher erhielt man Pottasche durch Auslaugen der Pflanzenasche von Laub- und Nadelbäumen mit Wasser. Dafür brauchte man große Pötte (Töpfe, Gefäße) – daher der Name. Das Holz wurde zum Heizen verwendet, und die zurückbleibende Asche enthielt 14–19 % Pottasche. Verwendet wird Pottasche in der Glasherstellung und zur Produktion von Flüssigseife; außerdem findet sie Verwendung als Backtriebmittel für schwere Teige wie Lebkuchenteig.

TIPP

Bewahren Sie Pottasche in luftdicht verschlossenen Gefäßen auf.

Pottasche ist das Kaliumsalz der Kohlensäure (K_2CO_3) und wie Natron und Soda ein weißes Pulver, das Wasser anzieht. Deshalb bewahrt man Pottasche am besten in luftdicht verschlossenen Gefäßen auf. In Wasser löst sich Pottasche sehr leicht mit 1120 g/l bei 20 °C.

ZITRONENSÄURE

Zitronensäure kommt in vielen Früchten und Beeren vor, nicht nur in der Zitrone, wo sie einen Anteil von bis zu 7 % hat. Die Namensgeberin des Citratzyklus kommt auch im menschlichen Körper vor und ist nur in größeren Mengen gesundheitsschädlich.

Kaufen kann man reine Zitronensäure und Zitronensäure-Monohydrat mit einem Wassermolekül pro Zitronensäuremolekül. Verwendung findet Zitronensäure im Haushalt als Entkalker zum Beispiel von Wasserkocher, Armaturen, Duschköpfen und der Waschmaschine, und im Lebensmittelbereich als Säuerungsmittel für Marmeladen und Gelees, als Schmelzsalz und zur Konservierung.

Da Zitronensäure als Säure den pH-Wert einer Seifenlösung zu stark senkt und die Seife in ihre Fettsäuren verwandelt, also unwirksam macht, kann sie nicht direkt als Entkalker zur Seife gegeben werden, sondern nur als Natrium- oder Kaliumsalz. Hier wirkt sie als biologisch

abbaubarer Komplexbildner. Sie ist ein natürlicher Ersatz für EDTA und andere schwer biologisch abbaubare Komplexbildner.

Neutralisation von Zitronensäure

Für ein Molekül Zitronensäure werden drei Moleküle Natrium benötigt, weshalb man auch von Trinatriumcitrat oder Trikaliumcitrat („tri" steht für „Drei") spricht. Ein Gramm Zitronensäure verbraucht dann 0,571 g Natriumhydroxid.

Für 1 g Zitronensäure: 0,571 g NaOH oder 0,8 g KOH.

Bei der Seifensiederei wird die benötigte Menge Zitronensäure im Laugenwasser gelöst und das Natriumhydroxid in kleinen Portionen unter stetigem Rühren hinzugegeben. Achtung: Bei dieser Reaktion entsteht viel Wärme, die Lösung wird heiß, unter Umständen kocht sie sogar hoch. Lassen Sie die Lösung vor der nächsten Zugabe von NaOH abkühlen.

Anfängern empfehle ich, nicht mit Natriumhydroxid zu neutralisieren, sondern mit Natron.

Für 1 g Zitronensäure: 1,2 g Natron.

Auch hierbei wird die Zitronensäure erst in Wasser gelöst und dann das Natron hinzugegeben. Die Lösung sprudelt stark, wenn sich das Kohlenstoffdioxid bildet. Es gibt jedoch zwei Vorteile: Man kann sich dabei nicht durch hochkochende Lauge verätzen, und die Lösung wird kalt – das ist deshalb gut, weil man darin dann gleich nach erfolgter Neutralisierung die Lauge anrühren kann (die Mischung wird dann wieder warm).

Alternativ kann man für 1 g Zitronensäure 0,757 g Soda verwenden. Für die Flüssigseifenherstellung benutzt man statt Natron Pottasche zur Neutralisation.

Für 1 g Zitronensäure: 0,99 g Pottasche.

GUT ZU WISSEN
Immer, wenn man Zitronensäure mit Soda, Natron oder Pottasche in Wasser gibt, entsteht Kohlenstoffdioxid und es sprudelt.

KOCHSALZ (NATRIUMCHLORID)

Kochsalz, in der Chemie als Natriumchlorid geführt, dient dem Härten der Seifenstücke. Eine Lösung von Salz in Wasser, eine Sole, wird dazu verwendet, Flüssigseife anzudicken. Das läuft folgendermaßen ab: Flüssigseife ist ja eine Kaliseife, eine mit Kalilauge hergestellte Seife. Wird nun ein kleiner Anteil des Kaliums gegen das Natrium aus dem Kochsalz ausgetauscht, so wird die Seife erst etwas trübe, aber vor allem viskoser, dickflüssiger. Später wird sie auch wieder klar.

Zum Einstellen der Viskosität benutzt man eine 20%ige Sole, das heißt, 20 g Salz werden in 80 g entmineralisiertem Wasser gelöst. Das hierbei verwendete Kochsalz sollte möglichst rein sein. Benutzen Sie kein Meersalz, denn es enthält neben Natriumionen auch Calcium- und Magnesiumionen. Am besten geeignet ist Spülmaschinensalz – es weist eine hohe Reinheit auf.

NATROSOL® 250HX

Natrosol ist eine Hydroxymethylcellulose, die mit Einsatzkonzentrationen zwischen 0,1 und 4 % glasklare Gele liefert. Rühren Sie es in Glycerin klümpchenfrei an, bevor Sie es zur Flüssigseife geben. Je nach gewünschter Konsistenz reichen 0,5 g pro 100 g Flüssigseife.

STEARINSÄURE

Stearinsäure ist eine Fettsäure, die 18 Kohlenstoffatome enthält. Ich erwähne sie hier, weil sie als Säure für die Herstellung von klarer Flüssigseife benötigt wird: Sie dient dazu, überschüssige Lauge zu neutralisieren. Sie ist eine gesättigte Fettsäure und kommt in tierischen Fetten wie Rindertalg (22 %) und Schweineschmalz (15 %), aber auch in pflanzlichen Fetten wie Kakaobutter (35 %), Sheabutter (38 %) und Palmfett (4,7 %) meist zusammen mit Palmitinsäure vor, weshalb vor allem eine Mischung aus Stearin- und Palmitinsäure als Stearinsäure oder Stearin verkauft wird. Für vegane Produkte achten Sie auf die Herkunft. Verwendet wird Stearinsäure auch zur Herstellung von Stearinkerzen und als Natriumstearat zur Herstellung von Seifen und Waschmitteln:

Natriumstearat ist das Natriumsalz der Stearinsäure. Es entsteht, wenn Stearinsäure mit Natronlauge neutralisiert wird, und ist eine Seife. Außer zur Herstellung von Reinigungsmitteln dient es auch als Verdickungsmittel und Emulgator in Cremes, Shampoos und Lebensmitteln. Reine Stearinsäure schmilzt schon bei 69 °C, wohingegen Natriumstearat erst bei 245 °C unter Zersetzung schmilzt.

Palmitinsäure kommt sowohl in tierischen als auch in pflanzlichen Fetten, zusammen mit Stearinsäure, vor. Folgende Palmitinsäuregehalte sind bekannt: Palmöl 41–46 %, Rindertalg 23–29 %, Butterfett 24–32 %, Schweineschmalz 24–30 %, Kakaobutter 23–30 %, Baumwollsaatöl 21–27 %, Avocadoöl 10–26 %.

ZEOLITH A

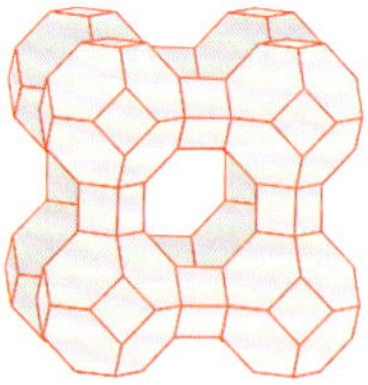

Zeolith A: chemische Struktur

Zeolithe sind Natriumaluminiumsilicate, die auch in der Natur vorkommen. Für die industrielle Verwendung werden sie synthetisch hergestellt, da ihre Eigenschaften dann besser steuerbar sind. Seit 1980 setzt die Firma Henkel Zeolith A als Ersatz für Phosphate in Waschmitteln ein.

Das Besondere an diesem Aluminiumsilicat ist seine räumliche Struktur. Es ist würfelförmig und hat in der Mitte einen Hohlraum, in dem ein Natriumion steckt. In hartem Wasser kann das Natriumion den Platz mit einem etwa gleich großen Calcium- oder Magnesiumion tauschen. Dieses wird dort „eingesperrt“, wodurch das Wasser enthärtet wird. Zeolith A wird 1%ig in Waschmittel dosiert und immer zusammen mit Soda verwendet.

SCHLÄMMKREIDE

Schlämmkreide, auch Heilkreide genannt, oft zusammen mit einer Herkunftsbezeichnung wie bei der Rügener Heilkreide, wird in der Chemie als Calciumcarbonat bezeichnet. Diese Kreide ist ein feines Pulver und eignet sich zum Polieren; zum Beispiel ist sie für glatte Zähne in Zahncreme und kann Silberschmuck oder andere Gegenstände auf Hochglanz bringen bzw. Schmutz sanft entfernen.

ALKOHOL / KOSMETISCHES BASISWASSER

Wenn man von Alkohol spricht, meint man meist Ethanol. Das ist der chemische Name des Trinkalkohols, also von natürlich vergorenem Alkohol. Er wird auch unter dem Namen Weingeist verkauft. Da für Trinkalkohol die Branntweinsteuer bezahlt werden muss, ist Weingeist recht teuer. Stattdessen kann man für einige Rezepte auch den günstigeren vergällten, also für den Genuss (durch Zusatz eines Vergällungsmittels) unbrauchbar gemachten Alkohol verwenden: Diesen kann man als Spiritus oder kosmetisches Basiswasser kaufen. Der Unterschied zwischen beiden besteht im verwendeten Vergällungsmittel. Spiritus wurde mit Methylethylketon (MEK), Isopropanol und Denatoniumbenzoat, einem sehr bitteren Stoff, vergällt. Da diese Chemikalien sehr unangenehm riechen, verwendet man für die Herstellung von kosmetischem Basiswasser D-Panthenol und Parfüm zur Vergällung.

Welche Art von Alkohol man verwenden möchte, das richtet sich nach dem Verwendungszweck, dem eigenen Geruchsempfinden und nicht zuletzt nach dem Preis.

GUT ZU WISSEN
Mit „Alkohol" ist hier gemeint: Ethanol, Trinkalkohol oder Weingeist. Vergällter Alkohol, der nicht zum Trinken geeignet ist, heißt Spiritus oder kosmetisches Basiswasser.

Alkohol als Lösungsmittel und zum Konservieren und Desinfizieren

Ethanol ist eine klare Flüssigkeit, die normalerweise in einer Konzentration von 96 % verkauft wird. Es dient als Lösungsmittel für ätherische Öle oder Pflanzenextrakte und als Konservierungsstoff in der Kosmetik. Zudem verstärkt es die Reinigungskraft bzw. die Entfettungswirkung der Seife, zum Beispiel im Seifenspiritus.
Zur Konservierung wird ein Alkoholgehalt zwischen 10 und 20 % benötigt, je nachdem, was in der Wasserphase sonst noch gelöst ist. Die meisten Bakterien werden durch die Herabsetzung der Wasseraktivität in ihrer Vermehrung gehemmt; Hefen sind nicht ganz so empfindlich, weshalb eine höhere Alkoholkonzentration benötigt wird. Und Bakteriensporen kann Alkohol gar nichts anhaben.

Häufig werden mit Ethanol auch die Arbeitsgeräte, die bei der Herstellung von Kosmetik verwendet werden, desinfiziert. Dafür sollte man den Alkoholgehalt auf ca. 70 % verdünnen (sieben Teile Alkohol und drei Teile Wasser), da diese Lösung effektiver ist als der konzentrierte, 96 %ige Alkohol. Zudem ist die Brandgefahr damit geringer (beim Abreiben einer Fläche mit 96%igem Ethanol ist sie durchaus gegeben).

ZUR DESINFEKTION
96 %iger Alkohol ist leicht entzündlich. Zum Desinfizieren sollte nur 70%iger Alkohol benutzt werden.

Auch Isopropanol (2-Propanol), ein weiterer Alkohol, dient der Desinfektion; er sollte auf 70–80 % verdünnt werden.

GLYCERIN

Der Name Glycerin leitet sich vom griechischen „glykos", „süß", ab. Es wurde schon 1779 bei der Verseifung von Olivenöl entdeckt und wurde von den frühen Seifensiedern auch Ölsüß genannt. Heute wird Glycerin als Glycerol bezeichnet, da es zur Gruppe der Alkohole gehört.

Glycerin ist eine wasserklare, viskose Flüssigkeit, die es in Konzentrationen von 85 und 99 % zu kaufen gibt. Als dreiwertiger Alkohol hat Glycerin drei OH-Gruppen. Es wird in der Kosmetik und in der Industrie als Feuchthaltemittel eingesetzt, weil es nicht verdunstet und, im Gegenteil, Wasser aus der Umgebung anzieht. Wegen dieser Eigenschaft bezeichnet man es auch als hygroskopisch. In höheren Konzentrationen wirkt Glycerin leicht konservierend.

Zusätzliches Glycerin soll die Verseifung beschleunigen. Ich konnte das allerdings so nicht feststellen, eher im Gegenteil: Die Verseifung dauerte mit Glycerin länger. Außerdem fördert Glycerin die Haltbarkeit des Schaumes und ist eine hautpflegende Komponente in der Seife.

GUT ZU WISSEN

Glycerin bleibt nicht im Haar oder auf Oberflächen zurück, da es sehr gut wasserlöslich ist und somit mit Wasser leicht abgespült wird.

OCHSENGALLE

Ochsengalle enthält Gallsäuren, wie Cholsäure und Taurocholsäure, die ein Emulgieren von Fetten ermöglichen. Ochsengalle hilft gegen Flecken durch Obst, also Pflanzenfarben, Stärke, Blut, Eiweiß und Fett. Es gibt sie in gereinigter Form bei einigen Online-Versandhäusern, in der Apotheke und bei Firmen, die Material zum Malen anbieten. Natürliche Rinder- bzw. Ochsengalle soll auch verwendet werden können, nur muss man sie frisch verarbeiten, da sie sehr schnell verdirbt.

ENZYME

Enzyme sind Katalysatoren, also Stoffe, die das Entfernen von Flecken aus empfindlichen Textilien bei niedrigen Temperaturen ermöglichen: Sie zerlegen den Schmutz in kleine Bruchstücke, die dann besser ausgewaschen werden können. Für jede Fleckenart braucht man das passende Enzym, zum Beispiel für Eiweiß (Proteasen), für Fett (Lipasen) und für Stärke (Amylasen).

Da diese Stoffe die Verseifung nicht überstehen und auch nicht bei jeder Wäsche nötig sind, empfehle ich, sie nur dann als Zusatz zum Waschmittel zu geben, wenn Flecken vorhanden sind. Für Waschmittelbaukästen wurden beispielsweise solche enzymhaltigen Zusätze entwickelt. So vertreibt die Firma Behawe „Biozym S E F" gegen Stärke, Eiweiß und Fett als Teil des Waschmittelbaukastens „Hobbythek".

ANTIPILLING

Ein weiteres Enzym, die Cellulase, glättet Textilien aus Cellulose also aus Leinen, Hanf und Baumwolle.

KONSERVIERUNGSSTOFFE

Mikroorganismen, also Bakterien, Hefen und Pilze, haben bisher immer einen Weg gefunden, irgendwo zu überleben oder gar zu wachsen und sich zu vermehren, sobald einige Bedingungen dafür erfüllt sind. Eine davon ist Wasser, die nächste sind Futter und eine halbwegs passable Umgebung – hier ist der pH-Wert gemeint. Als Futter dient die Seife selbst; davon ist also genug vorhanden. Der pH-Wert auf der Seife ist nicht so komfortabel, denn sie ist leicht alkalisch, aber einige Mikroorganismen können auch das aushalten. Nur an Wasser mangelt es den Seifenstücken, weshalb sie nicht eigens konserviert werden müssen. Wenn auf einer Seifenverpackung steht „ohne Konservierungsstoffe", dann stimmt es wohl, aber es wäre nicht nötig gewesen, das eigens zu vermerken, weil feste Seifenstücke eben ohnehin keine Konservierung benötigen.

Auch Seifenpaste enthält nicht genug freies Wasser und braucht deshalb nicht konserviert zu werden.

Flüssigseife hingegen ist leider eine Seifenart, die genug freies Wasser enthält, dass Bakterien darin wachsen können. Hier sollte also konserviert werden, besonders wenn Sie die Seife an andere weitergeben oder wenn im Haushalt jemand lebt, der anfällig für Krankheiten ist, ob nun kleine Kinder oder ältere oder immungeschwächte Menschen.

GUT ZU WISSEN

Freies Wasser bedeutet: Es sind darin keine Stoffe gelöst, die das Wasser „an sich binden", sodass es Mikroorganismen nicht zur Verfügung steht. Beispiele für solche wasserbindenden Stoffe sind Zucker (er wirkt zum Beispiel bei Marmeladen konservierend) oder Salz (wie in Kräuterpasten). Oft bezeichnet man diese bindende Eigenschaft eines Stoffes als Wasseraktivität.

Das Konservierungsmittel sollte bei einem pH-Wert von ca. 10 noch ausreichend konservieren. Das leisten nicht viele Konservierungsmittel. Organische Säuren wie Benzoesäure und Sorbinsäure beispielsweise brauchen einen leicht sauren pH-Wert, weshalb sie für Flüssigseife nicht genutzt werden können.

Die im Folgenden bei den jeweiligen Konservierungsmitteln genannten Einsatzkonzentrationen beziehen sich auf das Gesamtgewicht der Seife, inklusive Verdünnungswasser.

HINWEIS ZU KONZENTRATIONSANGABEN

Die auf den Seiten 110 ff. genannten Konzentrationsangaben beziehen sich immer auf das gebrauchsfertige Produkt.

Frei von Konservierungsstoffen

Auf vielen Produkten im Supermarkt ist zu lesen „Frei von Konservierungsstoffen“. Dies bedeutet jedoch nicht, dass in dem Produkt gar keine Konservierungsstoffe enthalten sind, außer sie sind nicht nötig (wie bei festen Seifenstücken). Genauer formuliert müsste es heißen „Frei von *deklarationspflichtigen* Konservierungsstoffen“, denn es sind meist Stoffe enthalten, die neben ihrer konservierenden Wirkung auch noch eine oder mehrere andere Funktionen in dem Produkt erfüllen. Pentylene Glycol beispielsweise wirkt als Feuchtigkeitsspender, hat aber auch antimikrobielle Eigenschaften.

Kontaktallergene

Manche Menschen neigen zu Allergien bzw. Kontaktallergien. Da sind es weniger die Reinigungsmittel selbst, die die allergische Reaktion auslösen, selbst wenn sie die Haut reizen können. Vielmehr sind oft Duftstoffe und bestimmte Konservierungsstoffe die Auslöser. Duftstoffe können Sie einfach weglassen. Bei den Konservierungsstoffen muss man genauer hingucken. Sehr verbreitet waren Isothiazolinone wie Methylchloroisothiazolinon, Methylisothiazolinon (MI) und Benzisothiazolinon. Produkte, die diese Konservierungsstoffe enthalten, sollte man als Allergiker unbedingt meiden. Die Kosmetikindustrie selbst hat diese Stoffe in ihren Produkten eingeschränkt oder verwendet sie gar nicht mehr (wie MI).

BIOKONS PA 30

INCI: Propanediol, Phenethyl Alcohol, Undecyl Alcohol, Tocopherol

Einsatzkonzentration: 1–2 %

Einsetzbarkeit: bei pH 3–10

Wirksam gegen: grampositive Bakterien, Pilze

Händler: Alexmo

Biokons PA 30 ist eine farblose bis leicht gelbliche Flüssigkeit mit leicht rosenartigem, blumigem Geruch. Dieser wird durch den Inhaltsstoff Phenethylalkohol (Phenylethanol) verursacht, der auch Bestandteil ätherischer Öle ist, zum Beispiel des Rosenöls. Phenethylalkohol und Undecylalkohol verstärken sich gegenseitig in ihrer Wirkung und werden dabei von 1,3-Propandiol unterstützt, das die antimikrobielle Wirkung verstärkt und gleichzeitig als Feuchtigkeitsspender wirkt.

Biokons PA 30 wird als antimikrobieller Stabilisator verkauft, wofür auch das Tocopherol (Vitamin E) spricht. Es wird nicht als Konservierungsmittel deklariert.

Verarbeitung: Geben Sie Biokons PA 30 in die Flüssigseife, während sie abkühlt, und rühren Sie es gut ein.

BIOKONS PLUS / BIOKONS NEO

INCI: Phenethyl Alcohol, Caprylyl Glycol, Trideceth-8

Einsatzkonzentration: 0,5–2 %

Einsetzbarkeit: bei pH 4–8

Wirksam gegen: grampositive und gramnegative Bakterien, Hefen und Pilze

Händler: Spinnrad, Manske, naturkosmetik-werkstatt.at, Naturprodukte-mv (Biokons Neo)

Auch Biokons Plus, ein Kombinationsprodukt aus Phenethylalkohol, Caprylyl Glycol und Trideceth-8, erhält seinen blumigen Duft durch den Inhaltsstoff Phenethylalkohol (Phenylethanol), welches mit einem Anteil zwischen 55 und 65 % als Lösungsmittel für Caprylyl Glycol (Octiol) dient. Dieser Inhaltsstoff ist zusammen mit Trideceth-8 zu jeweils weniger als 25 % enthalten und setzt die Oberflächenspannung herunter. Er macht die Mikroorganismen zusammen mit Trideceth-8 angreifbarer, indem er deren Membran durchdringt.

Verarbeitung: Geben Sie Biokons Plus in die verdünnte Seife, während sie auf weniger als 80 °C abkühlt, und mischen Sie es gut unter.

CAPRYLYL GLYCOL

INCI: Caprylyl Glycol

Weitere Namen: Octiol, 1,2-Octandiol

Einsatzkonzentration: 0,3–1 %

Einsetzbarkeit: pH-Wert-unabhängig

Wirksam gegen: Bakterien

Händler: Aliacura

Caprylyl Glycol ist ein weißer, wachsartiger Feststoff, der schon bei 28 °C schmilzt. Er wird wegen seiner geschmeidig machenden, feuchtigkeitsspendenden Eigenschaften eingesetzt und wirkt darüber hinaus auch antimikrobiell, indem er die Zellmembran der Bakterien destabilisiert.

Caprylyl Glycol sollte jedoch mit einem Mittel gegen Hefen und Pilze zusammen verwendet werden, zum Beispiel mit Phenethylalkohol.

Verarbeitung: Mischen Sie 3 g Caprylyl Glycol mit 7 g Phenethylalkohol und erwärmen Sie das Gemisch kurz. Die entstehende Lösung kann in Tropffläschchen gefüllt werden. Sie können sie mit 1–1,4 % dosieren. Geben Sie sie beim Verdünnen hinzu. Caprylyl Glycol löst sich gut und verträgt wärmere Temperaturen.

CHEMIKONS

INCI: Phenoxyethanol, Ethylhexylglycerin

Einsatzkonzentration: 0,5–1 %

Einsetzbarkeit: bei bis pH 12

Wirksam gegen: Bakterien, Hefen, Pilze

Handelsnamen: Preserve PE 9010, Chemikons PE 9010, euxyl® PE 9010

Händler: Alexmo, Aliacura

Chemikons, auch Preserve PE 9010 oder Chemikons PE 9010 genannt, ist eine klare, geruchsneutrale Flüssigkeit. Es ist ein Breitbandkonservierungsmittel, das den Wirkstoff Phenoxyethanol mit dem desodorierenden Stoff Ethylhexylglycerin vereinigt, der neben seiner Anwendung in Deodorants auch zur chirurgischen Handdesinfektion eingesetzt wird und ein Feuchtigkeitsspender ist.

Verarbeitung: Chemikons ist einfach zu handhaben, da es temperaturstabil ist und in einem weiten pH-Wert-Bereich arbeitet. Geben Sie es nach dem Verdünnen der Seifenpaste hinzu.

C-KONS

INCI: Methylpropanediol, Caprylyl Glycol, Phenylpropanol

Einsatzkonzentration: 2,5–4 %

Einsetzbarkeit: pH-Wert-unabhängig

Wirksam gegen: Mikroben allgemein; wirkt stark antimikrobiell

Händler: Behawe

Geruchlose, leicht viskose, farblose Flüssigkeit, die sich gut mit Wasser mischen lässt. Caprylyl Glycol spendet Feuchtigkeit und wirkt leicht rückfettend.

Verarbeitung: Setzen Sie ihrer Flüssigseife 3 % zu, während sie abkühlt, am besten bei Temperaturen unter 80 °C. Durch seine gute Wasserlöslichkeit lässt sich der C-Kons aber auch leicht in die abgekühlte Flüssigseife mischen.

PENTYLENGLYCOL

INCI: Pentylen Glycol

Einsatzkonzentration: 1–5 %; als alleiniger Konservierer: 5–7 %

Einsetzbarkeit: pH-Wert-unabhängig

Wirksam gegen: Bakterien; eingeschränkt auch: Pilze und Hefen

Händler: Aliacura, Behawe, Dragonspice

Pentylenglycol, auch 1,2-Pentandiol oder englisch Pentylene Glycol genannt, ist eine farblose, viskose und geruchlose Flüssigkeit, die sich gut mit Wasser mischt. Da es aus nachwachsenden Rohstoffen hergestellt werden kann, trägt es manchmal den Namenszusatz „Green". Es muss auch nicht als Konservierungsstoff deklariert werden und ist für Naturkosmetik geeignet. Für die Haut ist Pentylenglycol unbedenklich, im Gegenteil: Es ist ein gutes Feuchthaltemittel, ähnlich dem Glycerin, nur ohne dessen Klebrigkeit.

Verarbeitung: Rühren Sie Pentylenglycol zusammen mit dem letzten Verdünnungswasser unter.

PHENETHYLALKOHOL

INCI: Phenethyl Alcohol

Einsatzkonzentration: 0,7–1,2 %

Einsetzbarkeit: pH-Wert-unabhängig

Wirksam gegen: Bakterien, besonders gramnegative, Pilze

Händler: Aliacura

Phenethylalkohol ist eine farblose Flüssigkeit, die stark nach Rosen und Honig riecht. Deshalb wird sie bei der synthetischen Herstellung von Blütendüften benutzt. Natürlich kommt Phenethylalkohol in ätherischen Ölen aus Nelken, Rosen und Geranien vor. Da er stabil gegen Alkalien ist, ist der Duft auch für Seifen gut geeignet und dementsprechend auch als Konservierungsstoff für Flüssigseifen. Er hilft sogar dabei, ätherische Öle zu lösen. Trotz seiner antimikrobiellen Eigenschaften ist Phenethylalkohol gut biologisch abbaubar.

Verarbeitung: Rühren Sie Phenethylalkohol nach dem Verdünnen in die abkühlende Flüssigseife. Er ist gegen höhere Temperaturen stabil, aber nicht besonders gut wasserlöslich.

PHENOXYETHANOL

INCI: Phenoxyethanol

Einsatzkonzentration: maximal 1 %

Einsetzbarkeit: pH-Wert-unabhängig

Wirksam gegen: grampositive und gramnegative Bakterien, Pilze

Händler: oft nur in Mischungen enthalten; bisher nicht bei den gängigen Rohstoffhändlern

Phenoxyethanol ist eine farblose, viskose, schwach nach Rosen riechende Flüssigkeit mit einer guten Wirkung gegen viele Keime schon in geringer Konzentration. In der EU ist es als Konservierungsstoff bis 1 % zugelassen. Da es im Verdacht steht, die Leber zu schädigen, soll es in Produkten für Kinder nur in ganz geringer Konzentration eingesetzt werden.

Es soll auch als Parfümfixateur wirken.

Verarbeitung: Phenoxyethanol ist einfach zu handhaben, da es temperaturstabil ist und in einem weiten pH-Wert-Bereich arbeitet. Geben Sie es nach dem Verdünnen der Seifenpaste hinzu.

PRESERVE PE 9010 / CHEMIKONS PE 9010

INCI: Phenoxyethanol, Ethylhexylglycerin

Siehe Chemikons, Seite 112.

PROPYLENGLYCOL, PROPANDIOL

INCI: Propylene Glycol

Einsatzkonzentration: 20 % auf die Wasserphase

Einsetzbarkeit: pH-Wert-unabhängig

Wirksam gegen: Bakterien und Pilze

Händler: Dragonspice

Propylenglycol, auch 1,2-Propandiol genannt, ist eine farb- und geruchlose Flüssigkeit von öliger Konsistenz. Es ist gut mit Wasser mischbar und stark hygroskopisch. Mit einer Einsatzkonzentration von 20 % ist es kein eben stark konservierender Zusatz, aber ein gutes Lösungsmittel und pH-Wert-unabhängig. Es kann zusammen mit anderen Konservierungsstoffen eingesetzt werden.

Verarbeitung: Ersetzen Sie 20 % des Verdünnungswassers durch Propylenglycol.

MAGNOLIA OFFICINALIS BARK EXTRACT

INCI: Magnolia Officinalis Bark Extract

Einsatzkonzentration: 0,08–0,2 %

Einsetzbarkeit: pH-Wert-unabhängig

Wirksam gegen: Bakterien, Pilze und Hefen

Händler: Aliacura, Dragonspice

Magnolia Officinalis Bark Extract wirkt antioxidativ; es ist fett- und alkohollöslich, aber nicht wasserlöslich. Es wird als Zusatz in Kosmetika gegen Akne empfohlen.

Verarbeitung: Stellen Sie für 100 g Flüssigseife eine Mischung aus Magnolienextrakt und Pentylenglycol her, etwa aus 0,08 g Magnolienextrakt und 5 g Pentylenglycol. Rühren Sie diese Mischung in die noch handwarme Flüssigseife.

ANTIOXIDANTIEN

Mal vorweg: Antioxidantien verlängern das Leben von Seifen und anderen durch Luftsauerstoff angreifbaren Stoffen, zum Beispiel Nachtkerzenöl oder Leinöl. Trotzdem sind sie keine Konservierungsstoffe und können diese auch nicht ersetzen. Von der Wirkung her bieten sie sich als Angriffsstelle für den Sauerstoff an und schützen so die Doppelbindungen der Fettsäuren vor diesem Angriff durch Sauerstoff, der sogenannten Oxidation. Daher machen sie als Zusatz durchaus Sinn. Ich stelle im Folgenden die bekanntesten Antioxidantien vor.

VITAMIN E

Vitamin E, in der Chemie als Tocopherol geführt, ist ein Stoff, der in vielen Ölen zum Schutz vor Oxidation enthalten ist. Je mehr mehrfach ungesättigte Fettsäuren ein Öl besitzt, desto höher ist auch sein Vitamin-E-Gehalt. Warum man es dennoch eigens zusetzt?

Vitamin E ist zwar nicht sehr empfindlich gegen Wärme und Lauge, aber bei der Verseifung, speziell der Heißverseifung, wird es dennoch teilweise verbraucht. Setzt man es am Ende der Verseifung, beim letzten Pürieren, zu, so verlängert das die Haltbarkeit der Seife. Wichtig ist, dass man Vitamin E benutzt, Vitamin-E-Acetat ist für diesen Zweck nicht geeignet.

Einsatzmenge: bis 1 % GFM

ANTIRANZ

Antiranz ist ein Produkt der „Hobbythek“, das neben Vitamin E noch Vitamin-C-Palmitat enthält, die sich gegenseitig ergänzen. Es wird ebenso beim letzten Pürieren zugegeben.

Einsatzmenge: 4 Tropfen auf 100 g

FLAVOXAN ROSMARIN OLEORESIN / ROSMARIN ANTIOXIDANS

Das Extrakt aus dem Rosmarin, auch als Flavoxan 14 im Handel, enthält den Rosmarinwirkstoff Carnosolsäure in Sonnenblumenöl gelöst. Die gelblich-braune Flüssigkeit ist öllöslich und muss dafür eventuell zusammen mit dem Öl erwärmt werden.

Einsatzmenge: 0,1–0,4 % GFM, je nach Herstellerangabe

SERVICE

Auf einen Blick: übersichtliche Tabellen zu Ölen, eine Liste empfehlenswerter Seifenrechner im Internet, eine vollständige Rezeptübersicht, Literaturtipps, Bezugsquellen und ein nützliches Glossar.

ÖLLISTE MIT WICHTIGEN DATEN

Hier finden Sie wichtige Informationen übersichtlich aufgelistet. Die Ölnamen sind hier auch in Englisch angegeben, damit sie in einem englischsprachigen Seifenrechner leicht gefunden werden.

Ölname	Ölname englisch	Verseifungszahl		Schmelzpunkt	Jodzahl	Härte	Herkunft
		NaOH	KOH				
Kokosfett	Coconut oil	0,183	0,2562	21–25 °C	7–10	100	Tropen
Leinöl, Leinsamenöl	Linseed oil, Flax Seed oil	0,133	0,187	−20 bis −13 °C	169–192	23	Gemäßigte bis sub-tropische Klimazonen
Olivenöl	Olive oil	0,135	0,189	−9 bis −5 °C	72	89	Mittelmeer-raum
Rapsöl	Canola oil, Rapseseed oil	0,133	0,1862	−2 bis −10 °C	94–120	69	Deutschland, Europa, regional
Rapswachs/-butter	Hydrogenated rapeseed oil	produkt-spezifisch	produkt-spezifisch	36–39 °C, produktabhän-gig bis ca. 60° C	65–95	>90	Deutschland, Europa, regional
Rindertalg	Tallow beef	0,143	0,2002	42–52 °C	45	95	Deutschland, Europa, regional
Schweine-schmalz	Lard, Pig tallow (Manteca)	0,141	0,1974	28–40 °C	57	91	Deutschland, Europa, regional
Sonnen-blumenöl	Sunflower oil high oleic	0,135	0,189		83	89	Deutschland, Europa, regional

SEIFENRECHNER IM INTERNET

DEUTSCHSPRACHIGE RECHNER

www.naturseife.com/Seifenrechner/

- Keine Tierfette enthalten, Leinöl angegeben, keine ölsäurereichen Öle
- Zitronensäure muss ohne Fette extra berechnet werden, sonst wird auch hier ein Laugenunterschuss angenommen.
- Alle Fette und Öle können von 0 bis 100 % berechnet werden.
- Der Laugenunterschuss ist nur von 0 bis 15 % möglich.
- KOH-Angaben können berechnet werden, aber nur mit reinem KOH, nicht mit der üblichen Reinheit von ca. 90 %.
- Mischverseifung nicht möglich.

www.tuula-seifen.de/seifenrechner.php

- Keine Tierfette enthalten, Leinöl angegeben, keine ölsäurereichen Öle
- Zitronensäure muss ohne Fette extra berechnet werden, sonst wird auch hier ein Laugenunterschuss angenommen.
- Alle Fette und Öle können von 0 bis 100 % berechnet werden.
- Der Laugenunterschuss ist nur von 0 bis 15 % möglich.
- KOH-Angaben können berechnet werden, aber nur mit reinem KOH, nicht mit der üblichen Reinheit von ca. 90 %.
- Mischverseifung nicht möglich.

www.tools.schnugis.de/seifenrechner/index.php

- Tierfette enthalten, Leinöl angegeben, keine ölsäurereichen Öle
- Zitronensäure muss ohne Fette extra berechnet werden, sonst wird auch hier ein Laugenunterschuss angenommen; keine Nachkommastellen möglich.
- Alle Fette und Öle können von 0 bis 100 % berechnet werden.
- Der Laugenunterschuss ist nur von 0 bis 15 % möglich.
- KOH-Angaben können berechnet werden, aber nur mit reinem KOH, nicht mit der üblichen Reinheit von ca. 90 %.
- Mischverseifung nicht möglich.

www.calc.mendrulandia.es/

- Tierfette enthalten, Leinöl angegeben, ölsäurereiche Öle teilweise enthalten
- Zitronensäure kann eingegeben werden, wird aber nicht mitberechnet.
- Alle Fette und Öle können von −25 bis 33 % berechnet werden.
- Der Laugenunterschuss ist nur von −25 bis 33 % möglich.
- KOH-Angaben können berechnet werden, aber nur mit reinem KOH, nicht mit der üblichen Reinheit von ca. 90 %.
- Mischverseifung möglich.

www.handmade-by-kathrin.de/soap/calc/

- Tierfette enthalten, Leinöl angegeben, ölsäurereiche Öle teilweise enthalten
- Zitronensäureangaben okay; Berechnung erfolgt extra; Kommazahlen müssen in Prozentangaben umgerechnet werden.
- Fette und Öle können nicht über die Eingabeseite von 0 bis 100 % berechnet werden; es muss eine Änderung auf der zweiten Seite erfolgen; umständlich.
- Der Laugenunterschuss ist bis 40 % möglich.
- KOH-Angaben können berechnet werden; die Reinheit des KOH lässt sich auf die Herstellerangabe einstellen.
- Mischverseifung möglich.

ENGLISCHSPRACHIGE RECHNER

www.soapcalc.net/calc/soapcalcWP.asp

- Gewichtseingaben in Gramm und Ounces möglich.
- Viele Tierfette enthalten, Leinöl angegeben, ölsäurereiche Öle aufgelistet
- Zitronensäureeingabe ist nicht möglich.
- Fette und Öle können von 0 bis 100 % berechnet werden; es gibt keine programmierten Begrenzungen.
- Der Laugenunterschuss ist auch im negativen Bereich möglich.
- KOH-Angaben können berechnet werden; Reinheit des KOH lässt sich auf 90 % einstellen.
- Mischverseifung nicht möglich.

www.the-sage.com/lyecalc/

- Gewichtseingaben in Gramm und Ounces möglich.
- Viele Tierfette enthalten, Leinöl (Flax seed oil) enthalten, keine ölsäurereichen Öle
- Zitronensäureeingabe ist nicht möglich.
- Fette und Öle können von 0 bis 100 % berechnet werden; es gibt keine programmierten Begrenzungen.
- Der Laugenunterschuss ist auch im negativen Bereich möglich.
- KOH-Angaben können berechnet werden, Reinheit des KOH lässt sich auf 90 % einstellen.
- Mischverseifung nicht möglich.

REZEPTÜBERSICHT

Rezept	Verfahren		Lauge		Hinweise und Besonderheiten	Seite
	CP	OHP	NaOH	KOH		
Vegane Duschseife	☑	☐	☑	☐		44
Wasserstabile Handseife	☑	☐	☑	☐	Nicht vegan	49
Pflegeseife für trockene Haut	☑	☐	☑	☐		49
Milde Duschseife für empfindliche Haut	☑	☐	☑	☐		49
Seifenstücke im Heißverfahren	☐	☑	☑	☐		50
Flüssigseife I im Slowcooker	☐	☑	☑	☑	Mischverseifung	54
Flüssigseife II im Wasserbad	☐	☑	☑	☑	Mischverseifung	58
Seifenpaste	☐	☑	☐	☑		63
Seifenpaste im Kaltverfahren	☑	☐	☐	☑		64
Recyclingseife	☐	☑	☑	☐	Bereits vorhandene Seife wird ausgesalzen.	67
Kernseife						68
Vorwaschseife	☑	☐	☑	☐		76
Feste Gallseife	☑	☐	☑	☐		79
Flüssige Gallseife					Unter Verwendung der **Seifenpaste**	80
Festes Waschmittel (vier Varianten)	☑	☐	☑	☐	Vegan oder nicht vegan	82
Flüssigwaschmittel					Unter Verwendung der **Seifenpaste**	85
Festes Spülmittel	☑	☐	☑	☑	Mischverseifung	87
Flüssiges Spülmittel					Unter Verwendung der **Flüssigseife I** oder **II**	90
Fettlöser-/Backofenspray					Unter Verwendung der **Flüssigseife I** oder **II**	92
Putzpaste					Unter Verwendung der **Seifenpaste**	92
Fensterseife/Seifenspiritus					Unter Verwendung der **Seifenpaste**	96
Seife für harte Böden	☐	☑	☐	☑	Analog zur **Seifenpaste**	97
Leinölseife	☐	☑	☐	☑		97
Reiniger für Holzböden					Unter Verwendung der **Leinölseife**	98
Pflegereiniger für Holzböden					Unter Verwendung der **Leinölseife**	98

ZUM WEITERLESEN

LITERATUR

- Dunn, Kevin M.: **Scientific Soapmaking. The Chemistry of the Cold Process**, Clavicula Press Farmville, VA 2010
- Göppert, Melanie: **Zero Waste Kosmetik.** Natürlich schön und gepflegt mit Karotte, Kaffeepulver & Co. Verlag Eugen Ulmer Stuttgart 2020
- Krist, Sabine, Buchbauer, Gerhard, Klausberger, Carina: **Lexikon der pflanzlichen Fette und Öle**, 2. Auflage, Springer Verlag Wien 2013
- Lück, Erich, Jager, M.: **Chemische Lebensmittelkonservierung. Stoffe – Wirkungen – Methoden**, 3. Auflage, Springer Verlag Berlin 1995
- McDaniels, Robert S., Katherine J.: **Soap Maker's Workshop. The Art and Craft of Natural Homemade Soap**, Krause publications Iova 2010
- Neumann, Petra: **Seife sieden**, Verlag Eugen Ulmer Stuttgart 2018
- Riewerts, Kerrin: **Kosmetische Mittel vom Kaiserreich bis zur Zeit der Weimarer Republik. Herstellung, Entwicklung und Verbraucherschutz**, Dissertation Uni Hamburg 2005
- Schrauth, Walter, Deite, C.: **Handbuch der Seifenfabrikation**, 5. Auflage, Julius Springer Verlag Berlin 1921
- Thompson, Jackie (Hrsg.): **Liquid Soapmaking. Tips, Techniques and Recipes for Creating All Manner of Liquid and Soft Soap Naturally!**, Goldilocks Press California 2014
- Werner, Monika, von Braunschweig, Ruth: **Praxis Aromatherapie. Grundlagen – Steckbriefe – Indikationen**, 6. Auflage, Haug Verlag Stuttgart 2020

WEBSITES

- **www.sonett.eu**/qualitaet/informationen/abbau-von-tensiden/ (abgerufen am 26.07.2020)
- **www.lfu.bayern.de**/analytik_stoffe/stoff verhalten_biologischer_abbau/index.htm (abgerufen am 26.07.2020)
- **www.uni-ulm.de**/fileadmin/website_uni_ulm/nawi.inst.240/nutzpflanzen2012/andreas_maurer_2012.pdf (abgerufen am 26.07.2020)
- **www.wildfind.com**/rezepte/pottasche-selber-machen-und-verwenden (abgerufen am 07.10.2020)
- **www.chemie.de**/lexikon/Stearinsäure.html (abgerufen am 7.10.2020)
- **www.sodasan-shop.de**/blog/gallseife (abgerufen am 15.11.2020)
- **www.ikw.org**/fileadmin/ikw/Haushaltpflege/Informationsserie/WM/dateien/html/3_8_11.html (abgerufen am 27.11.2020)
- **www.forum-waschen.de**/multiplikatoren-tagung-forum-waschen.html (abgerufen am 02.01.2021)
- file:///Users/petramac/Downloads/2020_Geier_Kontaktallergien_mit_WPR_Mitteln.pdf (abgerufen am 02.01.2021)
- **www.internetchemie.info**/chemie-lexikon/i/inci.php, abgerufen am 8.1.2021
- **www.cosmeticsandtoiletries.com**/research/chemistry/premium-Caprylyl-Glycol Phenethyl-Alcohol-Blend-for-Alternative-Preservation-of-Cosmetics-218902881.html (abgerufen am 14.01.2021)
- **www.ptaheute.de**/fortbildung/e-learning/e-learning-konservierung-von-rezepturen/konservierungsstoffe-im-ueberblick/ (abgerufen am 02.08.2020)
- **www.kuraray.eu** %2Ffileadmin %2Fproduct_ranges %2Fisopentyldio %2Fdownloads %2FIPD_bacteriostatic_effect_-_white_paper_final2.pdf&usg=AOvVaw3dQ-hdLppNN dRbrvkUiYbW (abgerufen am 03.04.2021)

BEZUGSQUELLEN

Ich habe für Sie hier eine kleine Auswahl an möglichen Bezugsquellen aufgelistet. Bei den meisten deutschen Shops habe ich selbst schon bestellt und bin immer zufrieden gewesen.

DEUTSCHLAND

Behawe: www.behawe.com
Omikron: www.omikron-online.de
(gehört zu Behawe)
Macsoapy: www.macsoapy.de
Dragonspice: www.dragonspice.de
Manske: www.manske-shop.com
The fragrancy: www.fragrancy.de

ÖSTERREICH

Kosmetikmacherei mit Laden in Wien: www.kosmetikmacherei.at
Art of Beauty: www.art-of-beauty.at
Vita von Waldehoe: www.waldehoe.at
Kosmetik-Manufaktur: www.kosmetik-manufaktur.at

FRANKREICH

Aroma-Zone: www.aroma-zone.com

NIEDERLANDE

YouWish: www.youwish.nl

DANKSAGUNG

Mein Dank gilt **meiner Familie** und besonders meinem **Mann Frank Neumann** für alle eigenen Fotos und die Geduld beim Danebenstehen und Warten auf die nächste Situation, außerdem für die Diskussionen rund ums Putzen und die Herstellung von Seifen oder den einen oder anderen sehr nützlichen Tipp am PC.

Catherine Schurti für das Rezept der ersten Flüssigseife und den Hinweis auf das Buch „Liquid Soapmaking".

Ursula Ludwig für das Rezept mit viel Olivenöl und den Tipp zum Aussalzen der Seife.

Susanne Gehrke und **Barbara Schildmann**, beide Textil-Ingenieurinnen; sie haben mich mit Informationen zur Wäschebehandlung versorgt und, was die Bleichwirkung von Zitronensäure und Natron anbelangt, auf die richtige Fährte geführt.

Frauke Schärff fürs Testwaschen und Rückmelden. Wenn sogar die Hundedecken sauber werden, kann gar nichts mehr schiefgehen.

Frau Lisa Seibel und Frau Jennifer Zajonz, meinen beiden Lektorinnen beim Ulmer-Verlag, für die vielen Telefonate und die netten Gespräche rund ums Buch und darüber hinaus.

Frau Schmidt-Röger für die stimmungsvollen Fotos und **Frau Kattanek** für das Lektorieren des Textes.

Sabine Stark-Klinker von CleanCare Seifenkosmetik fürs Redigieren des Manuskripts.

Lieben Danke an alle für eure/Ihre Hilfe, ohne die dieses Buch so nicht möglich gewesen wäre.

GLOSSAR

Ätherisches Öl, ÄÖ	Ätherische Öle sind Mischungen aus unterschiedlichen Terpenen (das sind duftende Pflanzeninhaltsstoffe, die unter anderem per Wasserdampfdestillation gewonnen werden). Sie sind keine fetten Öle und werden von der Lauge nicht verseift; Ausnahmen sind Ester.
Aussalzen	Methode zur Rettung scharfer Seifen und zur Herstellung von Putzseife. Aufkochen der kleingeriebenen Seife mit Wasser. Durch Zugabe von Kochsalz trennt sich die Seife und lagert sich auf der Sole ab. In der Lösung verbleiben Schmutzstoffe und Glycerin.
CP (Cold process), Kaltverseifung	Herstellung des Seifenleims bei 25 bis ca. 40 °C und Isolierung der Seife
Emulsion, emulgierter Leim	Mischung aus Lauge und geschmolzenen Fetten, die homogen ist und auf der keine Fettschicht mehr schwimmt.
Fettsäuren	Bestandteile der Fette; ihre Natriumsalze sind die Seife.
Gelbe Flecken	Erste Anzeichen einer ranzenden Seife
Gelphase	Seifenleim, der sich durch die Reaktionswärme stark aufgeheizt hat und dabei oft leicht transluzent wird
GFM	Gesamte Menge an Fetten und Ölen
Glyceride	Wenn die Seife mit einem Laugenunterschuss gesiedet wird, werden die Fette nicht voll verseift, sondern es bleiben eine (Monoglycerid) oder zwei (Diglycerid) Fettsäuren mit dem Glycerin verbunden.
HP (Hot process), Heißverseifung	Hierbei wird die Reaktion durch Wärmezugabe beschleunigt und die Seife erst danach in die Form gebracht.
INCI	Internationale Nomenklatur für kosmetische Inhaltsstoffe: die Inhaltsstoffe eines Kosmetikprodukts werden gemäß ihrem Anteil in absteigender Reihenfolge aufgeführt.
Kalilauge	Lösung aus Kaliumhydroxid und Wasser für die Herstellung von Schmierseife oder stabilerem Schaum
Kaliumhydroxid, KOH	Stoff für die Herstellung von Kalilauge
Kaltverseifung	siehe CP
Kernseife	Seife, die ausgesalzen wurde
Laugenunterschuss, LU	Sicherheitsfaktor bei der Berechnung der Laugenmenge zur Verhinderung scharfer Seife
Leimseife	Unsere normale Seife, die noch ihr Glycerin enthält
Mischverseifung	Fette werden mit Kalilauge *und* Natronlauge verseift, zur Schaumverstärkung.
Natriumhydroxid, NaOH	Auch Ätznatron genannt; zur Herstellung fester Seifenstücke
Natron	Natrium*hydrogen*carbonat bzw. Natriumbicarbonat, ein Grundstoff zur Waschmittelherstellung; nicht zu verwechseln mit Soda
Natronlauge	Lösung von NaOH in Wasser zur Herstellung fester Seifenstücke

OHP (Oven hot process)	Heißverseifung im Backofen
Ölauszug	Mischung von Pflanzenteilen mit Öl zur Gewinnung von Stoffen, etwa von Farbstoffen
Parfümöl, PÖ	Laugenstabile Mischung kosmetikgeeigneter Duftstoffe zur Parfümierung der Seife
pH-Wert	Messwert zur Angabe der Stärke einer Säure oder Lauge
Pottasche	Kaliumcarbonat; zur Herstellung von Flüssigseife und flüssigem Waschmittel
Ranz	Verderb der Seife durch Oxidation der in den Fettsäuren enthaltenen Doppelbindungen mit Luftsauerstoff
Reduziertes Wasser	Weniger als 33 % Wasser bezogen auf die GFM
Reifezeit	Zeit, die die Seife bis zur kompletten Umsetzung der Lauge und zum Trocknen benötigt
Scharfe Seife	Wegen eines Laugenüberschusses nicht verwendbare Seife
Schmelzpunkt	Punkt oder Bereich, bei dem ein Feststoff in den flüssigen Zustand übergeht
Schmierseife	Mit Kalilauge hergestellte Seife; auch Seifenpaste
Sicherheitsdatenblatt (MSDS = Material safety data sheet)	Informiert den kommerziellen Verwender über gefährliche Stoffe, zum Beispiel NaOH; oft auch für nicht gefährliche Stoffe erstellt
Soda	Natriumcarbonat; entsteht durch Lösen von Kohlenstoffdioxid in Natronlauge; Grundstoff für die Waschmittelherstellung
Sodaasche	Weißer Überzug auf der Seife durch Bildung von Kristallen auf der Oberfläche
Trennen der Seife	Trennen von Fett und Lauge, wenn die Seife zu heiß wurde oder das Parfümöl ungeeignet ist; das Ergebnis sieht aus wie Grießbrei; kommt häufig vor bei der Verseifung mit Kalilauge
Überfettung, ÜF	Veralteter Ausdruck für den Sicherheitsfaktor Laugenunterschuss oder echte Überfettung durch Zugabe von Fetten oder Ölen nach der Heißverseifung.
Überfettungsöl	Öl oder Fett, das nach der kompletten Verseifung zugegeben wird und deshalb nicht mehr mitverseift wird.
Verseifungszahl	Menge an KOH, die für die Verseifung von 1 g Fett benötigt wird; muss in NaOH umgerechnet werden.
Zeichnen, Andicken	Wenn beim Pürieren des Leims Tropfen einige Zeit auf der Oberfläche sichtbar bleiben.

REGISTER

IMPRESSUM

Bildnachweis:
Mauritius Images: S. 10
Wikipedia.de/Gefahrstoff: S. 31
Wikipedia.de/Zeolith A: S. 106
Heike Schmidt-Röger: Das Titelfoto, die Bilder auf der vorderen äußeren Klappe sowie die Bilder auf den Seiten 2, 3, 4, 6/7, 15, 19, 20, 35, 38/39, 63, 66, 70/71, 77, 78, 81, 84, 89, 91, 93, 95, 99, 100/101, 103, 104, 116/117 und 120.
Alle weiteren Bilder stammen von Frank Neumann.
Die Zeichnung auf S. 72 fertige Helmuth Flubacher.

Die in diesem Buch enthaltenen Empfehlungen und Angaben sind von der Autorin mit größter Sorgfalt zusammengestellt und geprüft worden. Eine Garantie für die Richtigkeit der Angaben kann aber nicht gegeben werden. Autorin und Verlag übernehmen keine Haftung für Schäden und Unfälle. Bitte setzen Sie bei der Anwendung der in diesem Buch enthaltenen Empfehlungen Ihr persönliches Urteilsvermögen ein.
Der Verlag Eugen Ulmer ist nicht verantwortlich für die Inhalte der im Buch genannten Websites.

Anmerkung zur Schreibweise (Gendering):
Gendergerechtigkeit und Inklusion sind bei uns gelebte Praxis – bei der Auswahl unserer Themen, bei der Recherchearbeit, in der Gestaltung. Unsere Texte meinen alle. Damit unsere Inhalte jedoch gut lesbar bleiben, verzichten wir in diesem Werk auf die jeweilige Mehrfachnennung oder Anpassung der Schreibweise bestimmter Bezeichnungen an die weibliche, männliche oder diverse Form.

Bibliografische Information der Deutschen Nationalbibliothek
Die Deutsche Nationalbibliothek verzeichnet diese Publikation in der Deutschen Nationalbibliografie; detaillierte bibliografische Daten sind im Internet über http://dnb.d-nb.de abrufbar.

Wollgrasweg 41, 70599 Stuttgart (Hohenheim)
E-Mail: info@ulmer.de
Internet: www.ulmer.de
Projektleitung: Lisa Seibel, Jennifer Zajonz
Lektorat: Melanie Kattanek
Herstellung: Isabell Scherrieble
Umschlaggestaltung: Sanna Andrée-Müller
Satz: red.sign, Stuttgart: Susanne Junker, Gerhard Junker
Reproduktion: time:ray, Jettingen
Druck und Bindung: Westermann Druck, Zwickau
Printed in Germany

ISBN 978-3-8186-1435-5

FSC www.fsc.org
MIX
Papier aus verantwortungsvollen Quellen
FSC® C110508